Madeleine Mahler
Tanz
als Ausdruck und Erfahrung

Madeleine Mahler

Tanz als Ausdruck und Erfahrung

Fotos von Renate Meyer
Franziska Scheidegger
Hugo Lörtscher
Niklaus Stauss

ZYTGLOGGE WERKBUCH

Dank an meine Familie,
Alfred Boumann, Su Wüthrich, Kurt Löffel, Schüler und Studenten, athletic motion

2. Auflage 1992, 7. Tausend

Alle Rechte vorbehalten
Copyright: Zytglogge Verlag Bern, 1987
Lektorat: Hugo Ramseyer
Typoscript: Susanna Wüthrich
Redaktion + Gestaltung: Susanna Wüthrich und Peter Egli
Druck: Allgäuer Zeitungsverlag GmbH Kempten

ISBN 3 7296 0242 X

Zytglogge Verlag Bern, Eigerweg 16, CH-3073 Gümligen
Zytglogge Verlag Bonn, Cäsariusstrasse 18, D-W-5300 Bonn 2
Zytglogge Verlag Wien, Strozzigasse 14-16, A-1080 Wien

Vorworte von Heinz Keller und Barbara Mettler   Seite 7

Einführung

Stufen meiner Erfahrung   10
Mit Bewegung in Bewegung setzen   14

Didaktik

Lektionsaufbau   18
Impromuster   20
Musik   37
Zu den Tänzen   39

Tänze

Gefangensein und Freiheit
Tango - La Cumparsita (Rodriguez) von Alfred Hause   46
Prison von Space   50
Born, never asked von Laurie Anderson   54
Let it be (Lennon/McCartney) von den Beatles   58

Der Schatten wird lebendig
Interpretationen des "Gnom" aus "Bilder einer Ausstellung" von Modest Mussorgsky
Promenade   orchestriert von Maurice Ravel   66
Du und ich   orchestriert von Maurice Ravel   69
Ich und ich   Synthesizermusik von Isao Tomita   72
Ordnung und Unordnung Pop von Emerson, Lake and Palmer   76

Alles ist in mir
Kinder - Tanz der Stunden aus der Oper La Gioconda von Amilcare Ponchielli   84
Birdsong von Lene Lovich   88
It's raining men von The Weather Girls   92
Quarrel aus Three Burlesques von Béla Bartók   96

Miteinander
I'm so tired (Lennon/McCartney) von den Beatles   104
Help (Lennon/McCartney) von den Beatles   108
Aquarius aus dem Musical Hair von Galt MacDermot   112
Imagine von John Lennon   116

Nachwort   119

Fotonachweis   121

Literatur   123

Der zivilisierte Mensch ist im Begriffe, verschiedene seiner Ausdrucksmöglichkeiten zunehmend zu kanalisieren. Sprache, Gesang und Musik, zeichnerische und gestalterische Darstellung, menschliche Bewegung - vieles wird durch 'ordnendes' Denken zur Technik. Die 'geistige Fingerübung' ist ein Produkt unseres Denkens und unserer Schulgläubigkeit. Es entspricht deshalb einem tiefen Bedürfnis und einer ursprünglichen, gesunden Kraft des Menschen, dass an verschiedenen Orten die Rückkorrektur gesucht wird: Die unmittelbare Uebersetzung des eigenen Fühlens in Sprache, Musik oder eben Bewegung, ohne ausschliesslich Angelerntes anzuhäufeln. Dass der Tanz - eine besondere Kulturform der menschlichen Bewegung - diesen Prozess auch in unserer Zivilisation durchlebt, ist erfreulich und notwendig. Ursprünglich gebliebenen Kulturen blieb diese Rückkorrektur erspart. Wir, wir haben auch im Tanz die Verflechtung zwischen Angelerntem und Ursprünglichem zuerst wieder wachsen zu lassen.

Madeleine Mahler, die Autorin dieses Buches, vermag, durch das persönliche Erlebnis stark geprägt, in echter und damit überzeugender Weise zu dieser Verbindung zwischen Angelerntem und Ursprünglichem beizutragen. Sie verbindet in ihren Themen, nicht zufällig polarisierend, häufig zwei verschiedene Positionen, wie 'Freiheit und Gefangensein' oder 'Ordnung und Unordnung'. Sie stösst dadurch mit ihr eigener Kraft zur formulierten Auseinandersetzung an - sei es geistig oder körperlich: Das heisst als Tanz.

Das neue Werk erfreut deshalb ganz besonders, weil nicht ausschliesslich eine Ideen- und Stoffsammlung vorgelegt wird, sondern in Vor- und Zwischentexten die Erfahrungen und Hintergründe der Autorin vermittelt werden. Der Leser kommt damit vom Denken zum Handeln, als Tanz. Das Fühlen schliesslich, bringt die Farbe in die Bewegung jedes Einzelnen hinein.

Heinz Keller, Direktor der Eidgenössischen Turn- und Sportschule Magglingen
1. August 1986

The activity called dance is a basic human need which can appear in many different forms. It may be work or play, science or art, recreation, education, therapy, religion, entertainment. It may stand alone as pure movement expression, or it may be combined with other activities such as music, poetry, games. It may be improvised or composed, following fixed rules or evolving freely. It may be practiced by individuals or groups, with or without an audience.
Dance was once an expression of the whole of life, involving many dimensions of experience. Today, as our cultural activities become more and more specialized, dance tends to break up into different forms, expressing disunity and separateness.
It seems to me that Madeleine Mahler's educational dance work aims to awaken and cultivate, for the sake of healthy wholeness, the natural creative movement resources which are latent in everyone. Her books offer the average person a wealth of enjoyable dance experiences which can further development of individual personality as well as integration of the group.

Barbara Mettler, Mettler Studios Inc., Tucson Creative Dance Center, USA
September 16, 1986

Einführung

Stufen meiner Erfahrung

Mit Bewegung in Bewegung setzen

Stufen meiner Erfahrung

Kreativer Tanz

Als Turn- und Sportlehrerin erarbeitete ich mir ein recht grosses Bewegungsvokabular. Ich wusste, welche Bewegung zu welchem Zwecke richtig war und akzeptierte kritiklos Massstäbe und Werte unserer Bewegungserziehung.

Als ich während eines Amerikaaufenthaltes einen Kurs für 'Creative Dance' besuchte, war plötzlich die richtige Bewegung falsch. Nicht das angelernte Vokabular führte zum Ziel, sondern die spontane, freie und ungebundene Bewegung. Ich erfuhr, dass ich mich bewegen durfte, wie ich wollte, nicht um besser zu funktionieren, sondern um die Bewegung geniessen zu können. Ich war nach jeder Lektion glücklich und zufrieden und fragte mich warum.
Die Antwort war, glaube ich, weil ich mich selber sein durfte, mich nicht an äusseren Massstäben messen und bestätigen musste. Dieses Bewegen, das Bewegen im 'Creative Dance', hat in mir etwas in Bewegung gebracht.

In die Schweiz zurückgekehrt, begann ich nach anfänglich grossen Hemmungen selber kreativen Tanz zu unterrichten. Ich sammelte Material und fasste meine Unterrichtsinhalte im Buch 'Kreativer Tanz' (Zytglogge 1979) zusammen. Spontan, wie ich den kreativen Tanz damals verstand - sich auf seine eigene Intuition und Kreativität zu verlassen -, habe ich auch dieses erste Buch geschrieben.
In meinem Unterricht bemerkte ich aber immer wieder, wie oft es den Teilnehmern am Anfang schwer fällt, ihre eigenen Bewegungen zu finden und dazu zu stehen. So stellte ich einige Improvisationsmuster zusammen, als Hilfe zur eigenen Bewegungsfindung, angeregt durch Partner oder die Gruppe. Diese Gestaltungsformen wurden beliebt und von Erwachsenen und Kindern gerne ausgeführt.

Move

Als mich die Komponisten Hermann Urabl, Werner Stadler und Reinhard Hanel vom Salzburger Orff-Institut anfragten, Choreographien zu ihren Kompositionen zu entwickeln, willigte ich gerne ein, und daraus entstand dann 'Move' (Schott 1984), ein Heft für Schule und Studio, mit dazugehörender Kassette. Zur Musik von Urabl/Stadler/Hanel entwickelte ich Tänze, in denen ich hauptsächlich die verschiedenen Gestaltungsformen, die 'Impromuster' aneinanderreihte.

Wieder erteilte ich mit den neuen Unterlagen Kurse. Musik und Tänze begeisterten. Eines Tages fragte mich eine Kursteilnehmerin, was ich eigentlich mit diesen schönen Formen zu schöner Musik wolle. Ich wich aus und erklärte, dass ich halt eben Formen, Muster offeriere, die sie - die Teilnehmer - selber mit Inhalt füllen sollten.
Während eines Trainings mit meiner Tanzgruppe 'Athletic Motion' wurde ich erneut gefragt, was ich mit diesen Tanzformen wie Spiegel, Schatten, Figurenwerfen usw. ausdrücken wolle. Da fand ich endlich zur Antwort. Ich überwand meine Hemmungen, setzte mich auf den Boden vor die ganze Gruppe und sagte: "Seid Ihr auch schon verliebt gewesen, verzweifelt, traurig, wütend? Mir selber ist das schon oft passiert. Wenn Ihr diese Gefühle kennt, bringt sie als Eure Emotionen im Tanz zum Ausdruck!"
Nachdem ich dies meinen Studenten erklärt hatte, ich als Lehrerin mich als Mensch geöffnet hatte, bekam der Tanz Leben.

Darum möchte ich diesmal nicht nur Formen vermitteln, sondern auch die Hintergründe angeben, die mich antreiben, diese Art Tanz weiterzugeben.

Tanz als Ausdruck und Erfahrung

Im Herbst 1985 veranstalteten Margrit Bischof und ich am Institut für Leibeserziehung und Sport der Universität Bern ein internationales Symposium zum Thema 'Tanz in der Schule'. Alles war gut vorbereitet, Lektionen und Aufführungen, an die ich mit dem gewohnten Lampenfieber heranging, waren gut durchdacht.
Angst hatte ich aber vor der Diskussionsrunde im Plenum, wo dann prompt die Frage an mich herangetragen wurde: "Was willst Du denn mit Deinem Tanz?" Ich sprang ein weiteres Mal über meinen Schatten und antwortete: "Der tanzende Mensch sucht Verbindung mit dem göttlichen Prinzip. Sein Wesen strahlt durch seinen Körper aus, er erhält dadurch eine erotische Ausstrahlung, und das macht ihn schön. Der tanzende Mensch berührt mit seiner Ausstrahlung den Mitmenschen, verbindet sich mit ihm, lebt und macht lebendig."
Nach der Diskussion war ich umringt von Teilnehmern, die mich ermunterten, das häufiger und deutlicher auszusprechen.

Wer auch nur einen kleinen Zipfel des Urprinzips erhascht, kann sich mitteilen, auch wenn er stottert – und wird verstanden.
                                    Trudi Schoop

Neben meiner Kurs- und Schularbeit besuchte ich Workshops verschiedener Tanzrichtungen und alle möglichen Tanzaufführungen, fuhr wieder nach Amerika, las Fachbücher und auch spirituelle Literatur.

Meine Zusammenarbeit mit Alfred Bouman, Denker, Lehrer und Menschenbegleiter, verhalf mir dazu, meine Gedanken zu formulieren, die Inhalte und Hintergründe, die mich zum Tanzen antreiben, zu verstehen. Seine Philosophie ist in meine Arbeit eingeflossen und wird mich auch weiterhin begleiten. Vor allem das folgende Kapitel ist im Gespräch mit ihm entstanden.

Mit Bewegung in Bewegung setzen

Vorgegebene Bewegungsformen

Auf der einen Seite fordere ich meine Schüler auf, zu improvisieren, ihre eigenen Bewegungen zu entdecken. Auf der andern Seite offeriere ich immer wieder Bewegungsmuster, Choreographien und Tänze aus verschiedenen Kulturen und Zeiten.
Eine Choreographie gibt Halt und Schutz. Sie kann aber nie zur eigenen Identität und Bestätigung werden. Sie ist wie ein Gefäss, das den Inhalt festhält, wobei der Inhalt aber wichtiger ist als die Form.
Der Versuch des Einfühlens in fremde Kulturen, andere Zeiten, in die eigene kulturelle Ueberlieferung usw., hilft mit, unsere anerzogenen Bewegungsmuster neu zu beleben. In den letzten Jahren geben immer mehr Tanzlehrer aus anderen Kulturen bei uns Workshops, und die Kursteilnehmer ahmen mit Begeisterung afrikanische, nah- und fernöstliche Bewegungskunst nach. Wir können dabei fremdländische Kulturen nachfühlen, sogar ihren Ursprung ahnen, aber nicht unsere Identität ändern, selber Afrikaner werden.
Es fällt aber auch schwer, sich in einen historischen Tanz einzufühlen. Den Stolz, das Schwebende und die Zurückhaltung, die zum Beispiel in einer Pavane aus dem 16. Jahrhundert zum Ausdruck kommen, sind nur mit Mühe nachzuempfinden. Und doch erahnen wir etwas von unserer eigenen vergangenen Kultur, wenn wir sie körperlich darstellen.

Das Ausprobieren verschiedener Tanzformen und Tanzrichtungen aus verschiedenen Zeiten und Ländern verhilft uns dazu, unseren eigenen Platz in unserer Kultur zu verstehen.
Eine Choreographie kann zu einem Kleid werden, in dem man sich wohlfühlt.
Wie wir verschiedene Kleider ausprobieren, um das zu uns passende zu finden, probieren wir auch verschiedene Tanz-'Kleider' aus.

Wir verkleiden uns nicht, sondern stellen uns in ihnen dar. Wir lernen dabei, dass es der Körper ist, der das Kleid schön macht, und nicht umgekehrt.

Das Tragen von Kostümen erleichtert uns, das Charakteristische des Tanzes aus früherer Zeit oder fremder Kultur nachzuempfinden und zum Ausdruck zu bringen. Ich sage das aus eigener schmerzhafter Erfahrung:
Zum Schulabschluss führte ich mit einer Mädchengruppe 'Tanz durch die Zeiten' auf. Wir begannen mit Pavane, Menuett, Kontratanz, Squaredance und spannten den Bogen über Jazz zum Ausdruckstanz und Break, wobei die Mädchen immer die entsprechenden Kostüme trugen. Die Aufführung wurde ein Erfolg, und wir wurden eingeladen, sie einem grösseren Publikum zu zeigen. Nun hatten wir aber kein Geld mehr, um die teuren Kostüme zu mieten und deuteten sie mit heutigen Kleidern an. Als die Stütze des Kostüms weggefallen war, bewegten sich meine Mädchen durch alle Jahrhunderte mit immer demselben Ausdruck. Ich konnte beinahe nicht mehr zuschauen, bekam Tränen und schwor mir, das nie mehr zu tun.

Freie Bewegung

In unserer Gesellschaft lernt das Kind hauptsächlich funktionelles Bewegen. Es wird aufgefordert, durch Nachahmen und Ueben seine Motorik zu verbessern, um dadurch wieder bessere Leistungen zu erbringen. Es misst diese Leistungen an seiner Umwelt, an den Kameraden, an der Natur, im Wasser oder im Schnee. Jedes Kind braucht diese Massstäbe, um sich zu bestätigen und sich in unserer Gesellschaft anerkannt zu fühlen.
Es lernt aber auch, welche Bewegungen tabuisiert und 'falsch' sind, gibt

somit seine ursprüngliche Eigenständigkeit an unser Verhaltensschema ab, und unser 'Schema' übernimmt die Verantwortung.
Mangelnder Freiraum, Wohnverhältnisse, Verkehr, Verordnungen usw. beschneiden das Erfahrungsfeld, das den Menschen zur Selbständigkeit führt, zusätzlich.

In den theoretischen Schulfächern lernt das Kind Formeln und vorgegebene Resultate speichern. Die Antworten auf seine Fragen sind bereits vorhanden. Eigenes Be-greifen, Er-fahren oder Ver-stehen erübrigt sich, es sei denn, dieser Zugang zum Wissen werde von Lehrern wie zum Beispiel Hugo Kükelhaus über die fünf Sinne geöffnet.

Rein logisches Denken kann uns keinerlei Wissen über die empirische Welt vermitteln; alles Wissen der Realität beginnt mit der Erfahrung und endet in ihr. Behauptungen, die durch rein logische Mittel aufgestellt werden, entbehren jeglicher Realität.
Albert Einstein

Ich glaube, dass im grossen Potential an Bewegungen, das unsere Erziehung verdrängt hat, das Neue liegt, das es zu entdecken gilt. Es ist das Gebiet, wo die Antworten auf die Fragen noch offen sind.
Ich rege die Schüler immer wieder an, neue, ungewohnte, hässliche, falsche, sinnlose, unpassende Bewegungen zu erfinden - und mache mit Genuss selber mit. Keine Leistung, kein Muss, nur das Erleben von Schwerkraft und eigener Kraft, das Spiel mit dem Körper und den Emotionen, einfach tun und sich von Musik und Dasein tragen lassen ...
So bietet der Tanz die Möglichkeit für freie Bewegung: Springen und Drehen, Schwingen und Hüpfen, Wirbeln und Tummeln, Lebenslust und Lebensfreude spürend. Ein Erlebnis von Freiheit innerhalb der Grenzen des Körpers.

Damit regen wir ein anderes Denken an.

Das Kind staunt zuerst und schaut sich skeptisch um, mit einem unsicheren Lächeln. Denn hier ist Neuland. Es findet vorerst Bestätigung nur durch äussere Massstäbe, durch seinen Partner, die Gruppe oder den Lehrer. Diese Bestätigung dient ihm vorübergehend als Stütze, mit der es immer mehr Bewegungen sucht und findet, bis seine Bewegungsfreude aus der Bewegung selber entsteht.

Bewegungsfreude - Lebensfreude

Oft sagen oder schreiben mir Schüler und Erwachsene, dass sie sich nach einer Lektion 'kreativer Tanz' besser, fröhlicher, gut gelaunt fühlen.
Warum?
Mit einer bewusst gestalteten Einstimmung zu Anfang einer Lektion versuche ich die Teilnehmer dahin zu führen, dass ihre Bewegungsfreude geweckt wird, dass sie ihre eigenen spontanen Bewegungen annehmen und ihr Wesen sichtbar werden lassen.
Wenn man sich frei von innen heraus bewegen kann, entsteht Bewegungsfreude, die ansteckt, Lebensfreude hervorzurufen und eigene Lebensenergien anzuregen vermag, was wiederum in der Bewegungsfreude zum Ausdruck kommt. Wenn diese Wechselwirkung in Bewegung gesetzt werden kann, strahlt sie auch auf andere Lebens- und Tätigkeitsbereiche aus. Es ist dann gleichgültig, ob wir tanzen oder waldlaufen, gärtnern, kochen, usw. - wir erleben unser Tun, geniessen den Weg, der zum Ziel führt.

Und gerade weil Tanz zwecklos ist, sein Wesen in sich selbst und in der Kommunikation mit den Mitmenschen und der Umwelt liegt, kann er den Anstoss geben zum Leben leben. Die primäre Bewegungsfreude weckt unsere innere Bewegtheit, die wir im Tanz ausleben und gestalten. So können wir uns von vielem, was uns bedrückt und bedrängt, befreien und lösen. Tanz heilt.
Trudi Schoop gibt auf die Frage "Was ist therapeutischer Tanz?" die Antwort: "Tanz ist Therapie".

Didaktik

Lektionsaufbau

Impromuster

Musik

Zu den Tänzen

Lektionsaufbau

In meinem Buch 'Kreativer Tanz' habe ich den Lektionsaufbau mit seinen Teilen Einstimmung, Entspannung, Improvisation und Gestaltung in einem eigenen Kapitel (Seiten 26ff) ausführlich beschrieben, eine Methodik, die ich auch heute noch anwende.

- Die Einstimmungsphase ist Voraussetzung für das Gelingen einer Lektion. Sowohl Schüler wie Lehrer müssen aus Alltag, Spannungen und Verkrampfungen herausgeholt und wie ein Instrument gestimmt werden.
  Mit einem tanzorientierten Körpertraining werden vorgegebene Bewegungsfolgen erarbeitet, die den Körper in seiner Kraft und Beweglichkeit schulen und erfahren lassen.
  Die Trainingsübungen habe ich aus dem 'modern dance' und der Haltungsschulung entliehen, die sich von Lektion zu Lektion gleich bleiben, aber mit zunehmendem Können der Schüler in der Intensität gesteigert werden.

- In der Entspannungsphase sollen sich Kreislauf und Muskulatur von den in der Einstimmungsphase vorangegangenen Trainings- und Konzentrationsübungen erholen.

- Die Improvisationsphase bereitet die eigentliche Bewegungsgestaltung vor und dauert je nach Schulungsgrad der Teilnehmer mehr oder weniger lang. Sie dauert umso länger, je mehr die Schüler sich spontan einbringen können.
  Der Wechsel zwischen Spannung und Entspannung, Konzentration auf vorgegebene Bewegungsformen und spielerischer Bewegung, regt die Schüler zur Eigenkreativität an.

In der Improvisation spielen wir mit Impromustern (siehe Seiten 20ff) und Themen, die auf den nachfolgenden Tanz vorbereiten. Es ist wichtig, in der gesamten Einstimmung alle Teile, die später zum Tanz verarbeitet werden sollen, zu üben.
Nach der Einstimmung sind die Schüler oft überrascht, wenn ich ihnen sage: "Nun könnt Ihr eigentlich den Tanz, wir müssen die einzelnen Teile nur noch zu einem Ganzen zusammenfügen. Es ist wie das Backen eines Kuchens: Ihr legt alle Zutaten bereit, mischt und verarbeitet sie in der richtigen Reihenfolge und backt sie."

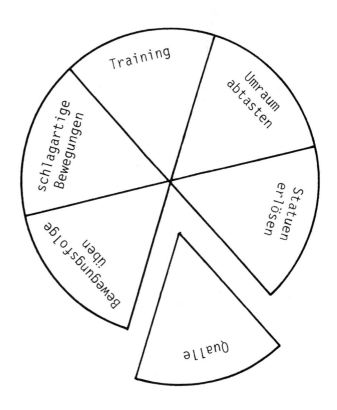

Die nachfolgenden Impromuster können wie beschrieben durchgespielt werden, sollen aber auch als Anregung dienen, sie zu erweitern, zu verändern, miteinander zu verbinden, neue zu erfinden und in freie Bewegung zu kommen.

Impromuster

Statue
Die Schüler gehen, springen, hüpfen frei durch den Raum und halten auf ein akustisches Zeichen sofort in ihrer Bewegung inne ('Schnappschuss').

Gruppenskulptur
Eine Gruppe von Schülern bewegt sich frei oder spielt irgendeine Situation, zum Beispiel Fussballmatch, Strandbad, Einkaufszentrum, und erstarrt auf ein bestimmtes Zeichen in ihrer Bewegung.

Spiegel
Ein Schüler bewegt sich frei. Sein Gegenüber, Partner oder Gruppe, ahmt ihn gleichzeitig nach.

Frage/Antwort
Ein Schüler führt über eine bestimmte
Zeitdauer eine bestimmte Bewegung aus
und hält inne. Sein Partner antwortet
im gleichen Zeitmass mit einer entsprechenden oder gegensätzlichen Bewegung,
ein Dialog entsteht.

Masse
Eine Gruppe von Schülern steht mit
Blick nach vorn nahe beisammen.
Der vorderste der Gruppe gibt die Bewegungen an, die von allen gleichzeitig
nachgeahmt werden. Wenn der Anführende
seinen Platz verlässt und sich hinter
die Gruppe stellt, übernimmt ein
anderer die Führung.

Führen/Folgen
Ein Schüler bewegt sich frei durch den
Raum. Sein Partner folgt ihm, übernimmt
seine Bewegungen.

Echo
Ein Schüler improvisiert eine kurze Bewegungsfolge und hält inne. Sein Partner wiederholt die Bewegungen im selben Zeitmass.

Schatten
Ein Schüler bewegt sich frei an Ort. Ein Partner steht hinter ihm und kopiert seine Bewegungen.
Schwieriger wird die Nachahmung, wenn der 'Schatten' am Boden liegt oder im Winkel zwischen Wand und Boden sitzt.

Domino
Eine einzelne Bewegung des vordersten Schülers in einer Reihe von fünf bis sechs wird wie bei fallenden Dominosteinen vom einen zum andern weitergegeben.
Varianten: Zeitlupe, Zeitraffer, Accelerando, Ritardando bei der Uebernahme der Bewegung.

Kanon
In einem bestimmten Zeitmass beginnt ein Schüler mit einer Bewegungsfolge. Sein Partner oder die Gruppe wiederholt diese Folge zeitlich verschoben, bevor der Vortänzer seine Folge beendet hat.

Statuen erlösen
Einige Schüler stehen in verschiedenen Posen im Raum verteilt. Ein oder mehrere Partner bewegen sich frei zwischen den Figuren und beenden ihren Bewegungsablauf bei einer der Statuen mit einer dieser entsprechenden Position. Die so erlöste Statue bewegt sich wieder frei, bis sie ihrerseits eine der anderen Statuen erlöst.

Billard
Der grössere Teil der Schüler steht in verschiedenen Posen verstreut im Raum. Die übrigen bewegen sich zwischen ihnen frei ('Billardkugeln') und geben durch eine Berührung - mit Hand, Fuss oder einem andern Körperteil - einem der Posierenden einen Impuls.
Diesen Anstoss in Art und Stärke aufnehmend bewegt sich der Angestossene wieder frei. Der Impulsgeber erstarrt und wartet seinerseits auf einen Anstoss.

Waage
Zwei Schüler stehen nahe beisammen und halten sich an den Handgelenken. Beide lehnen sich zurück und suchen mit dem Körper das Gleichgewicht in verschiedenen Positionen, ohne sich loszulassen.

Fresko
Ungefähr acht Schüler stehen in einer freigewählten Pose nahe nebeneinander auf einer Linie oder an einer Wand. Jeder hat zu seinem Nachbarn Körperkontakt. Das ganze Fresko beginnt sich zweidimensional zu bewegen, keiner kann aus dem 'Bild' treten. Der Impuls für eine Bewegung kann von einem Ende des Freskos oder seiner Mitte ausgehen.
Variante: Ein Schüler löst sich aus dem 'Bild' und nimmt nach einer kurzen Bewegungsfolge im Raum wieder seine ursprüngliche Position ein.

Maschine
Ausgehend von der Gruppenskulptur setzt ein Schüler mit einer sich immer wiederholenden Bewegung ein. Wie bei einer anlaufenden Maschine fallen die andern nach und nach mit ebenso stereotypen Bewegungen ein.
Anregungen: Dampfmaschine, Tinguelymaschine, Förderband, Paul Klees Zwitschermaschine, Maschine mit Motorschaden.

Raupe
Vier bis sechs Schüler in Körperkontakt bewegen sich in einer Reihe vorwärts und rückwärts. Die Fortbewegung muss durch die einzelnen fliessen wie beim Kriechen einer Raupe. Die Fortbewegung kann durch Rollen am Boden auch seitwärts erfolgen.

Figurenwerfen
Zwei Schüler halten sich an den Handgelenken, einander anschauend, und kreisen mit Schwung. Den andern loslassend wirbelt jeder alleine weiter, bis er seine Drehung in einer Endposition zum Stillstand kommen lässt.

Mobile
Fünf oder sechs Schüler stehen in einer Gruppenskulptur nahe beisammen, ohne sich zu berühren. Jeder Schüler innerhalb der Gruppe führt eigene Bewegungen aus, die einen Bezug zur Gesamtgruppe haben.
Als Anregung kann ein sich im Luftzug bewegendes Mobile dienen.

Qualle
Etwa fünf bis sieben Schüler stehen im Kreis und fassen sich über die Schultern. Alle bewegen sich mit pulsierenden Rhythmen zur Kreismitte hin und zurück (Atmen und Fortbewegen einer Qualle).
Ein Zusammenfallen oder Aufsprengen des Kreises führt zu andern Impromustern wie Knoten, Figurenwerfen usw.

Kette
Fünf oder sechs Schüler stehen in einer Reihe, wobei jeder irgendwie seinen Nachbarn berührt. Am einen Ende der Reihe löst sich ein Schüler, um sich mit einem kleinen Solo ans andere Ende zu begeben. Sobald er sich wieder angeschlossen hat, löst sich der nächste für seine kleine Bewegungsfolge.
Die 'Kettenglieder' verharren inzwischen ruhig oder führen sparsame, sich wiederholende Bewegungen aus, welche die Solisten aber nicht beeinträchtigen sollen.

Schnecke
Drei bis fünf Schüler halten sich an den Händen und bewegen sich in einer Reihe. Der Schüler am Ende der Reihe gibt den Bewegungsimpuls zum Ziehen, Einrollen oder Ausrollen der ganzen Reihe. Alle Schüler bleiben mit derselben Spannung untereinander verbunden.

Knoten
Sieben bis zehn Schüler halten sich an den Händen und bilden einen Kreis. Alle bewegen sich zur Kreismitte hin und 'verknoten' sich.
Der Knoten kann Anfang des Mobile oder Ende der Schnecke sein.

Molekül
Fünf oder sechs Schüler bilden zusammen eine Gruppenskulptur ('Molekül').
Ein Schüler ('Atom') löst sich aus der Gruppe, dreht und bewegt sich frei, um von der Gruppe magnetisch wieder angezogen zu werden, wobei er einen andern aus der Gruppe wegzieht oder -stösst.

Kaleidoskop
Fünf oder sechs Schüler stehen in einem Kreis nahe beisammen. Einer innerhalb der Gruppe führt eine Bewegung aus, die von den andern gleichzeitig kopiert wird. Die Bewegung soll einfach sein, immer von der Peripherie aus gegen das Kreiszentrum und umgekehrt und in verschiedenen Tempi und Höhen ausgeführt werden.
Als Anregung dient der Blick durch ein Kaleidoskop. Unterschiedliche Kaleidoskopinhalte (Steinchen, Splitter, Flüssigkeit) führen zu verschiedenen Bewegungen.

Musik

Musik als Begleitung zur Einstimmung und zu den Tänzen erfüllt verschiedene Funktionen: Einerseits unterstützt und stimuliert sie vorgegebene Bewegungsformen, anderseits trägt sie den Schüler in seiner freien Bewegung.
Welche Musik hierzu ausgewählt wird, ist Geschmackssache.

Es ist am besten, die zur Einstimmung passende Musik - abwechselnd rhythmisch stimulierende und arhythmische Stücke, die sich in der Praxis bewährt haben und zu denen man auch eine persönliche Beziehung hat - auf einer Kassette zusammenzustellen.

Bei fortgeschrittenen Schülern zeigt es sich immer wieder, dass die einzelnen Teile zu kurz sind, dass sie lieber an einem Thema vertieft arbeiten möchten. Deshalb habe ich immer zusätzliche Kassetten bereit. In diesem Fall kann eine Einstimmung weit über eine halbe Stunde dauern, ja sogar eine ganze Lektion in Anspruch nehmen, so dass erst in der folgenden Lektion am eigentlichen Tanz weitergearbeitet werden kann.

Ich verwende während eines ganzen Semesters immer dieselbe Kassette. So lernen die Schüler den Ablauf kennen und das Training korrekt auszuführen.

Zur Notation der Tänze

Wenn mir eine Musik gefällt und ich dazu einen Tanz gestalten möchte, mache ich mir immer eine graphische Gliederung der Musik.
Ich höre mir das Musikstück mehrere Male an, schreibe den Pulsschlag mit und höre auf die Phrasenlängen.
Eine Phrase wird in der Musik wie in der Bewegung als eine zusammenhängende, in sich geschlossene Einheit empfunden.

Für acht Pulsschläge notiere ich ein 'I' als Zählmass.
Vier dieser Zählmasse (IIII) ergeben meist einen in sich abgeschlossenen Teil der Musik, zum Beispiel bei einer Liedform ABA die Teile A oder B. Eine solche Liedform finden wir in 'Help'. Da aber die Beatles in ihren Liedern oft den Takt wechseln, kann dadurch eine Phrase verlängert oder verkürzt werden, wie in 'I'm so tired'. Hier scheint es mir wichtig, die Phrasenlängen, auf denen Text und Melodie aufgebaut sind, genau zu erkennen.
Wenn ich dann ein solches Gerüst der Musik habe, fällt es mir leicht, der Melodie oder dem Text des Stückes Impromuster, Improvisationen oder Bewegungsfolgen zuzuordnen.

Musik, in der nicht unbedingt der Pulsschlag, sondern die Motive und Themen hörbar sind, setze ich zeichnerisch um. Diese Zeichnungen, zum Beispiel im 'Gnom' von Mussorgsky, geben Dynamik und Artikulation der Musik wieder, die direkt in Dynamik und Artikulation der Bewegung umgesetzt werden können.

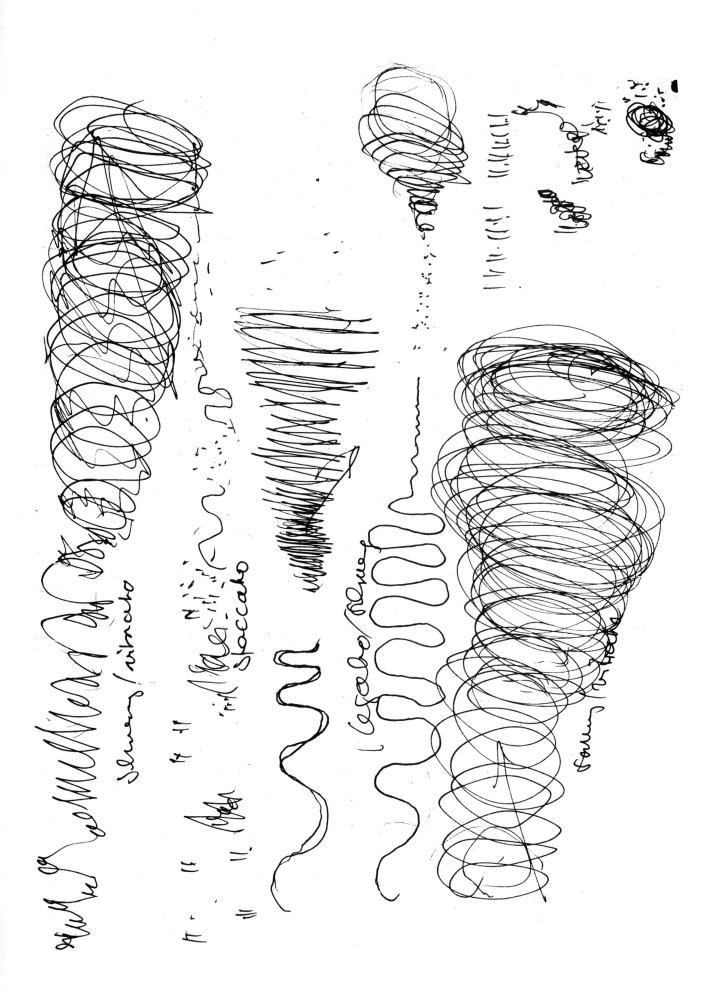

Zu den Tänzen

Viele der in diesem Buch dargestellten Formen, Ideen, Musikbeispiele wurden mir von meinen Schülern, Studenten und Tänzern aus den Erwachsenengruppen zugetragen.
Ich beginne den Tanz meistens mit einer Idee, einem Motiv, einer Musik, und wir entwickeln in der Gruppe gemeinsam eine Choreographie. Die schönsten Momente in meinem Unterricht sind dann, wenn während einer Lektion aus der Gruppe Ideen und Gestaltungsvorschläge auftauchen, die für alle Beteiligten in diesem Moment stimmen. Die nachfolgend beschriebenen Tänze sind alle auf diese Weise entstanden, verdanken also ihre Entstehung ebenso meinen Schülern wie mir.

Es ist ein natürliches Bedürfnis des Menschen, seine Erfahrungen formal zu gestalten und sie seiner Umgebung mitzuteilen und weiterzugeben. So wurden alle nachfolgenden Tänze in ihrer beschriebenen Form vor kleinem Bekanntenkreis oder auf der Bühne aufgeführt und dadurch auch mitteilbar.

Feste Bewegungsfolgen, entliehen aus verschiedenen Tanzstilen oder ausgelöst durch bestimmte Impromuster, wechseln ab mit frei erfundenen Gestaltungsformen und eigener spontaner Bewegung. Dabei erfahren die Schüler durch Bewegen und Tanzen ihre eigene Person, ihren Standpunkt innerhalb der Gruppe, indem sie gemeinsam ein Thema verarbeiten. Sie können ihre Stimmung, ihre Gefühle, ihr Wesen durch Bewegung ausdrücken, was oft leichter fällt, als darüber zu diskutieren. Ihr Körper wird zum Instrument, ihre Bewegung zum Medium, das die innere Welt zur äusseren Darstellung bringt.

Die einzelnen Tänze entstehen innerhalb einer Unterrichtseinheit, oder sie entwickeln sich über mehrere Lektionen, je nachdem wie intensiv die Schüler an der Thematik teilnehmen.

Die hier vorgeschlagenen Choreographien sollen nicht als blind zu befolgende Rezepte verstanden werden, sondern als Anregung zu Eigengestaltungen dienen, die weit über das in diesem Buch Dargestellte hinausführen können. Die einzelnen Formen, Uebungen, Bewegungsfolgen sind Bausteine, die beliebig zusammengesetzt werden können.

Die verschiedenen Tänze sind mal eher schematisch, mal freier oder direkt auf die Musik bezogen dargestellt. Spontane Protokolle und Notizen wechseln ab mit durchstrukturierten, schematischen Choreographieaufzeichnungen.

Tänze

Gefangensein und Freiheit

Der Schatten wird lebendig

Alles ist in mir

Miteinander

Gefangensein

und

Freiheit

Tango

Mit dem Wechsel zwischen festen Formen und Improvisationsteilen erleben die Schüler ihre eigene Situation.
Die einen fühlen sich wohler und aufgehoben in den vorgegebenen Formen, während sich die andern lieber länger frei bewegen würden. Gerade diese Spannung zwischen geordneter Bewegung und freiem Herumspringen, das Ausbrechen aus einem Muster und wieder Einordnen, macht den Tango lebendig.
Die musikalische Gliederung des Tangos ist gut hörbar, so dass dieser Tanz auch von Kindern ausgeführt werden kann. Er ist ein einfacher Tanz, um in die Thematik von Gefangensein und Freiheit einzuführen.
Mit wenigen Requisiten kann der Tango eindrucksvoll dargestellt werden.
Für eine Aufführung am Lehrerseminar Marzili in Bern kauften wir schwarze Kartonzylinder, die die Schülerinnen während der Bewegungsfolge aufsetzten und in den Zwischenteilen in den Händen hielten, mit ihnen improvisierten.

Wenn wir einen Gehenden genau beobachten, wissen wir auch, wie er denkt. Wenn wir einen Denkenden genau beobachten, wissen wir auch, wie er geht. Gehen wir intensiver, lässt unser Denken nach. Denken wir intensiver, unser Gehen. Andererseits müssen wir gehen, um denken zu können, wie wir denken müssen, um gehen zu können, eines aus dem andern und eines aus dem andern mit einer immer noch grösseren Kunstfertigkeit. Aber alles immer nur bis zum Grade der Erschöpfung. Gehen wir längere Zeit intensiv in einem intensiven Gedanken, so müssen wir das Gehen bald abbrechen oder das Denken bald abbrechen, weil es nicht möglich ist, längere Zeit gleich intensiv zu gehen und zu denken.

Thomas Bernhard

*sich zusammenschliessen und
sich abgrenzen*

*die mitte bilden und
wachsen*

*die mitte teilen und
in die teile wachsen*

*in den teilen sein und
durchsichtig werden*

*sich zusammenschliessen und
sich abgrenzen*

Eugen Gomringer

Einstimmung

Improvisation 1
Alle Schüler gehen auf geraden Wegen durch den Raum. Mit einer klaren Kehrtwendung schlagen sie jeweils auf ein akustisches Zeichen hin eine neue Richtung ein. Auf ein anderes Zeichen laufen sie rückwärts, dann wieder vorwärts.
Das gleiche wird ohne akustisches Zeichen durchgespielt, indem ein Schüler mit seiner Bewegung den andern das Signal zur Richtungsänderung oder Kehrtwendung gibt.

Improvisation 2
Je zwei Schüler spielen in wechselnden Paaren abwechslungsweise mit den Impromustern **Spiegel** und **Frage/Antwort**.

Improvisation 3
Jeweils vier Schüler improvisieren zusammen **Kaleidoskop**, halten in ihrer Bewegung inne, bilden eine **Gruppenskulptur** und gehen wieder zum **Kaleidoskop** über.

Bewegungsfolge

Die Bewegungsfolge zu diesem Tanz ist sehr einfach und umfasst 8 x 8 Pulsschläge (IIII IIII).
Jeweils vier Schüler gehen in einem Quadrat vorwärts, jeder beginnt in einer Ecke. Auf jeder Quadratseite gehen sie im Takt des Tangos sieben Schritte und schlagen in der nächsten Ecke auf den 8. Pulsschlag die neue Richtung ein.
Nach einem vollständigen Umgang gehen die Schüler denselben Weg rückwärts.

Choreographie

Musik: La Cumparsita (Rodriguez) aus 'Tango Time' von Alfred Hause, Polydor 179019
Zählmass: I = 8 Pulsschläge (PS)

Zählmass	Musikprofil	Bewegungsfolgen
I I I I	Refrain	Bewegungsfolge vw
I I I I		Bewegungsfolge rw
I I I I	1. Strophe	Alle brechen aus dem Quadrat aus und bewegen sich frei im Raum
I I I I		Zwei Schüler finden sich zum **Spiegelbild**
I I I I	Refrain	Bewegungsfolge vw
I I I I		Bewegungsfolge rw
I I I I	2. Strophe	Zwei Schüler spielen **Frage/Antwort**, einer reagiert auf die Klavierstimme, der Partner auf das Orchester
I I I I 4 PS	Ueberleitung	Die vier Schüler, die jeweils zusammen im Quadrat gegangen sind, improvisieren **Kaleidoskop**
I I I I	Refrain	Bewegungsfolge vw
I I I I	Ausklang	Bewegungsfolge rw, die vier Schüler, die zusammen das Quadrat gingen, bilden **Skulptur** als Schlussfigur

Prison

Idee und Musikauswahl von Mariella Markmann und Delphini Attinger

Wir geben die Schuld für unsere Einschränkungen, unsere Bewegungsarmut, gerne an unsere Gesellschaft ab. Vor allem die Jugend hat während den Unruhen (1983) ihrer Wut freien Lauf gelassen und Fenster eingeschlagen, Betonmauern besprayt.
In diesem Song dürfen die Schüler mit aller Kraft dreinschlagen, sich aus ihrem Gefängnis befreien und dabei erkennen, dass innerhalb der Strukturen, die sie als Halt und Schutz auch brauchen, viel Freiraum liegt.

Freiheit ist freiwillig gewählte Gebundenheit.
                              Alfred Bouman

Wenn die Schüler das Gefühl von gefangen sein, sich befreien, sich frei bewegen und sich dann wieder einordnen, über die Bewegung erlebt haben, scheint es mir wichtig, dass sie einzeln oder in Gruppen einen eigenen Schluss des Tanzes finden, der ihrer Stimmung und Aussage entspricht.

You're locked, involved within your prison
forever guarded in your prison
where others make all your decisions
and when its wings are cut, a bird forgets how to fly

You'ld sit alone inside your prison
you got a hold inside your prison
so many envy your position
but without freedom, how can all your dreams come alive

Einstimmung

Improvisation 1
Alle Schüler gehen frei durch den Raum, nehmen eine freigewählte Position **Statue** ein, verharren darin, lösen sich langsam, um wieder frei durch den Raum zu gehen.

Improvisation 2
Die Schüler stehen verteilt im Raum und stellen sich vor, sich in einer Glaskugel zu befinden, deren Innenwandung sie mit tastenden Bewegungen erkunden, um sie dann mit kräftigeren Bewegungen von sich wegzudrücken.

Improvisation 3
Die Schüler bewegen sich frei im Raum. Je zwei Schüler gehen aufeinander zu, berühren sich mit beiden Handflächen, drücken gegeneinander und stossen sich voneinander weg.
In Gruppen bis zu acht Schülern improvisieren sie **Qualle**, die durch plötzliches Wegspringen platzt.

Bewegungsfolge

Zählmass	Zählen	Bewegung
I	1 ... 4 5 ... 8	Schritte re, li vw (1, 2), Stillstand (3, 4) Wiederholung
I	1 ... 8	4 Nachstellschritte nach re, immer re beginnend
I	1 ... 8	Wiederholung, li beginnend
I	1 ... 8	
I	1 ... 8	Schritte re, li vw, Stillstand, Wiederholung
I	1 ... 8	In gespannter Haltung 8 Schritte rw gehen, Arme und Hände langsam in Hochhalte ausstrecken
I	1 ... 8	Auf die Akzente in der Musik nach und nach Körperspannung lösen
I	1 ... 8	Schwungvolle Drehung um die Körperachse und auf 8 in der Stellung verharren

Choreographie

Musik: Prison von Space, LDA 20317
Zählmass: I = 8 Pulsschläge

Zählmass	Musikprofil	Bewegungsfolgen
I I I I I I I I	Einleitung Zwischen- spiel	Ausgangsbild: Die Schüler stehen als **Statuen** verteilt im Raum Die Schüler lösen sich langsam aus ihren Positionen Auf die Akzente in der Musik führen die Schüler schwin- gende, schlagartige Bewegungen aus, um eine imaginäre Glaswand um sich herum zu zerschlagen
(doppeltes Tempo) I I I I I I I I I I I I I I I I I I I I I I I I I	1. Strophe Zwischen- spiel	Alle tanzen die Bewegungsfolge, diagonal nach re, dann diagonal nach li und frontal vw und rw Wiederholung Jeder tastet mit feinen Bewegungen seinen Umraum ab (siehe Einstimmung) Jeder stösst mit stärkeren Bewegungen seine imaginären Wände weg und befreit sich aus seinem Gefängnis
I I I I I I I I I I I I I I I I I I I I I I I I I	2. Strophe Zwischen- spiel	Die Bewegungsfolge wird in zwei Gruppen getanzt, die aufeinander zu- und voneinander weggehen Wiederholung Ein Teil der Schüler fängt die übrigen durch einen sich allmählich zusammenziehenden Kreis in der Raummitte ein, alle bilden **Qualle** **Qualle** löst sich durch Wegspringen auf
I I I I I I I I I I I I I I I I I I I I I I I I I I I I I I I I I I I I I I	Wiederholung Gesang Ausklang	Die Wiederholung der Strophen fordert die Schüler zu eigenen Gestaltungen auf, z.B. - beliebige Impromuster - freie Bewegung in Abwechslung mit der Bewegungsfolge - Stillstand, abwechselnd mit Bewegung usw.

Die Wiederholungen am Ende des Stücks gestalten die Schüler als Schlussteil in Gruppen selber und diskutieren danach, was Freiheit und Gefangensein für sie bedeutet. Einige Beispiele der verschiedenen Interpretationen in meinen Gruppen:
"Wenn die Gruppe aneinander klebt, kann der einzelne nicht davon loskommen. Er muss durch andere daraus befreit werden. Es bilden sich neue Gruppeneinheiten."
"Wenn man in einem Raum gefangen ist, sucht einer nach dem Ausgang. Er findet ihn, andere folgen ihm, alle entdecken den neu gefundenen Raum. Ist er wiederum ein Gefängnis?"
"Jeder ist für sich gefangen. Ist er in sich selber gefangen, was zeigen seine stereotypen Bewegungen? Oder ist er in der Gruppe gefangen? Kann man auch in der Gruppe frei sein?"

There's no escaping from that prison
time melts away inside that prison
can't even play without permission
and there's a chain and that's to every
song just the same

You never lie inside your prison
you're gonna die inside your prison
you called yourself the wrong musician
but you're a prisoner for all you
know's just me

I can release you from your prison
I found the key t'unlock your prison
where fame and richesse blurr your
vision
and the window of the world is still
too high

Paul Greedus

Born, never asked

Als mir ein amerikanischer Gast die Musik von Laurie Anderson brachte, war ich sofort begeistert, und schnell entwickelten sich Ideen zu einem Tanz. Die immer gleichbleibende Musik mit ihrer antreibenden Energie regte mich zuerst an, schöne geometrische Körperformen darzustellen. Aber der Tanz blieb leer. So nahm ich immer mehr Bewegungen weg, bis ein Grundmuster entstand. Dieses Muster, mit einfachen, geführten Bewegungen unseren Umraum in verschiedenen Richtungen ausmessend, habe ich von Leonardo Da Vincis Studie 'corpo umano' abgeleitet.

Nun liess ich dieses Grundmuster von meinen Klassen einige Male durchführen und fragte sie danach, wie sie sich in einer immer gleichbleibenden Bewegung fühlen. Ich erhielt folgende Antworten:
"Das ist langweilig, da möchte ich herumrennen."
"Ich falle immer wieder aus dem Muster heraus, ich kann mich nicht konzentrieren."
"Für mich ist es wie Meditation, ich könnte das stundenlang machen."
All diese Erfahrungen sammelten wir und brachten sie in die Choreographie ein. Das ostinate Bewegungsmuster wurde durch kleine Gesten und Gebärden unterbrochen, wie herumschauen, zusammenfallen, jemanden umstossen oder wegziehen, einen Schrei oder ein Lachen. Ausbrüche wurden dargestellt, wie sie die Schüler selber empfanden.

It was a large room, full of people, all kinds. And they'd all arrived at the same building at more or less the same time. And they were all free and they were all asking themselves the same question: What is behind that curtain?
You were born and so you are free, so happy birthday!

Laurie Anderson

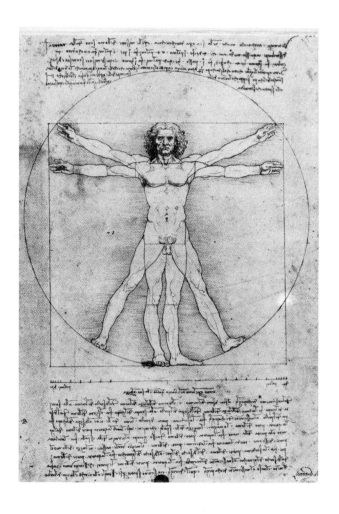

Ich habe diesen Tanz mit verschiedenen Schülergruppen aufgeführt. Alle Teilnehmer waren grau oder schwarz bekleidet und trugen dunkle Sonnenbrillen, um ihre Unnahbarkeit zu zeigen.

Die Turnlehrerin Monika Würmli hat den Tanz für die Gruppe 'athletic motion' weiterentwickelt. Sie verwendete dazu das Musikstück 'Die Drachentrommler' aus dem Album 'Luna Africana' von Clara Mondshine, KS 80 009.
Sie hat die ostinate Bewegung auf ein gleichmässiges Gehen in der Gruppe reduziert, aus der dann einer nach dem andern ausbrach.

Einstimmung

Improvisation 1
Alle Schüler gehen frei durch den Raum, nehmen abwechslungsweise mit einem Mitschüler Kontakt auf und improvisieren **Spiegel**, **Waage** und **Schatten**.

Improvisation 2
Alle Schüler stehen verteilt im Raum. Sie nehmen verschiedene gespannte Haltungen ein, lösen sich daraus und nehmen eine neue gespannte Position ein.

Improvisation 3
Jeder Schüler spielt in verschiedenen Positionen mit seinem Gleichgewicht, verliert es langsam durch eine Verlagerung der Körperachse, fängt sich mit einer freien Bewegung auf, um in einer neuen Position wieder mit dem Gleichgewicht zu spielen.

*wenn einer den andern
befremdet betrachtet
wie ein fabelwesen oder
ein seltenes tier
im zoo hinterm zaun
weiss ich den eisernen
vorhang in uns
als innres organ
wie herz niere und hirn
und wünsche ich könnte
breschen schlagen*

Urs Veraguth

Bewegungsfolge

Zählmass	Zählen	Bewegung
I	1 ... 4	Ausgangsposition: Beine leicht gegrätscht, Arme waagrecht seitlich ausgestreckt, auf 1 ... 4 re Arm aus der Horizontalen nach oben führen
	5 ... 8	dasselbe mit li Arm
I	1 ... 8	Beide Arme aus der Vertikalen zurück in die Horizontale führen (Ausgangsposition)
I	1 ... 4	Gewicht auf re Bein verlagern und li Bein anheben, Stellung ausbalancieren
	5 ... 8	zurück in die Ausgangsposition
I	1 ... 8	dasselbe li
I	1 ... 4	re Arm nach unten zu li Fuss führen und zurück
	5 ... 8	li Arm nach re seitwärts hochführen und Viertelsdrehung auf re Bein nach re
I	1 ... 8	Wiederholung
I	1 ... 8	Wiederholung
I	1 ... 8	Wiederholung und zurück in die Ausgangsposition
I	1 ... 4	Arme gesenkt, Wiegeschritt re vw und rw auf li Fuss
	5 ... 8	Drehung um eigene Achse nach re mit 3 Schritten (re, li, re), Arme sw waagrecht
I	1 ... 8	Wiederholung, li beginnend
I	1 ... 8	Wiederholung, re beginnend
I	1 ... 8	Wiederholung, li beginnend

Choreographie

Musik: Born, never asked von Laurie Anderson, WB K 57 002
Zählmass: I = 8 Pulsschläge

Zählmass	Musikprofil	Bewegungsfolgen
	Text gesprochen	Die Schüler stehen verteilt im Raum und nehmen auf das Wort 'curtain' im Text die Ausgangsposition mit waagrecht sw ausgestreckten Armen ein
I I I I I I I I I I I I I I I I I I I I I I I I I I I I I I I I I I I I I I I I I I I I	Text Melodie einsetzend Melodievariationen	Alle führen gemeinsam die Bewegungsfolge aus Einzelne Schüler gehen in eigene Bewegungsmotive über: ausbrechen und herumrennen Veränderte Bewegungsfolge langsamer oder schneller Impromuster **Spiegel, Schatten, Waage** Gesten und Gebärden aus dem Alltag, Schreie, Lachen Von **Statue** zu **Statue** übergehende, fliessende Bewegungen Spiel mit dem Gleichgewicht (siehe Einstimmung) Aus der freien Bewegung kommen die Schüler nach und nach wieder in die Bewegungsfolge zurück
I I I	Ausklang	Die Bewegungsfolge wird beendet, auch wenn die Musik bereits ausgesetzt hat
Ein oder mehrere Schüler führen die Bewegungsfolge viermal während des ganzen Stücks aus (Ostinato), damit die andern gegen Ende des Tanzes die Folge wieder aufnehmen können.		

Bei diesem Tanz ist es wichtig, dass die Schüler alle Erfahrungen, die sie bei der wiederholten Ausführung der Bewegungsfolge machten, in ihre Gestaltung aufnehmen.

Let it be

Vor bald einmal zwanzig Jahren unternahmen mein Mann und ich eine Reise in die Berge und nach Italien. Zu unserem Rucksackgepäck gehörten ein Batteriegrammophon und eine einzige Beatles-Platte, die wir uns auf jeder Reisestation anhörten. Noch heute liebe ich diese Musik und bringe sie immer wieder in meine Tanzstunden.
Besonders das Lied 'Let it be' war schon immer eines meiner Lieblingslieder; seine Bedeutung wurde mir aber erst in den letzten Jahren bewusst. Festhalten oder loslassen?

Mir fällt es immer wieder schwer, loszulassen, Abschied zu nehmen, obwohl ich weiss, dass ich damit Platz für Neues schaffe.

Auch das Akzeptieren und Zulassen von unangenehmen, schmerzhaften Tatsachen und Situationen ist schwierig, und doch können wir uns damit von Sorgen und Problemen entlasten und sie als Teil in unser Leben oder in unsere Person integrieren.
In meinen Klassen mache ich zuerst Uebungen, die das Festhalten und Loslassen rein körperlich erfahren lassen. Dann tanzen wir zum Lied nach meinen Vorschlägen. Am Schluss frage ich die Schüler, ob sie eigene Erfahrungen zu diesem Thema haben, die wir dann wiederum in den Tanz einzubringen versuchen.

When I find myself in times of trouble
Mother Mary comes to me
speaking words of wisdom, let it be
And in my hour of darkness
She is standing right in front of me
speaking words of wisdom, let it be

And when the broken-hearted people
living in the world agree
there will be an answer, let it be
For though they may be parted
there is still a chance that they will see
there will be an answer, let it be

And when the night is cloudy
there is still a light that shines on me
shine until tomorrow, let it be
I wake up to the sound of music
Mother Mary comes to me
speaking words of wisdom, let it be

      Lennon/McCartney

Einstimmung

Improvisation 1
Alle Schüler gehen, laufen, hüpfen frei durch den Raum, in Abwechslung mit **Figurenwerfen**.

Improvisation 2
Fünf bis acht Schüler bilden, als Vorbereitung auf den Tanz, eine Reihe, laufen in Schlangenlinien durch den Raum und bilden über **Schnecke** und **Knoten** eine **Qualle**, woraus sich einer nach dem andern wieder befreit.

Improvisation 3
Mit **Frage/Antwort** suchen je zwei Schüler schwingende Bewegungen.
Alle experimentieren mit ihrem Gleichgewicht in verschiedenen Positionen:
- in asymmetrischer Stellung, z.B. auf einem Bein usw.
- in symmetrischer Stellung hin- und herschaukeln, die Mitte finden
  ... ins Lot kommen.

Bewegungsfolge

Zählmass	Zählen	Bewegung
I	1, 2	Seitschritt re, li Bein Tupf neben re Bein, Körper und Arme schwingen mit
	3, 4	Wiederholung, nach li
	5 ... 8	ganze Drehung nach re (re, li, re), li Bein schliesst an
I	1 ... 8	Wiederholung, aber li beginnend

Nachdem die Bewegungsfolge zu verschiedenen Uebungsstücken probiert wurde, wird sie dem Tempo des Refrains von 'Let it be' angepasst.

Choreographie

Musik: Let it be (Lennon/McCartney) von den Beatles, PCS 7096
Zählmass: I = 8 Pulsschläge

Zählmass	Musikprofil	Bewegungsfolgen
I I	Einleitung	Ausgangsbild: Alle Schüler liegen am Boden; Ruhe
I I I I	1. Strophe	Alle stehen langsam mit verhaltenen Bewegungen auf, erwachen und schauen herum, strecken sich in verschiedene Richtungen
I I	Refrain	Jeder tanzt für sich allein die Bewegungsfolge auf kleinem Raum
I I I I	2. Strophe	Alle beginnen sich langsam zu drehen, auf die letzten 4 Pulsschläge gehen jeweils zwei Schüler aufeinander zu, improvisieren **Figurenwerfen**
I I	Refrain (leise)	Die eine Hälfte der Schüler tanzt die Bewegungsfolge, die andere Hälfte bleibt in der beim Figurenwerfen eingenommenen Stellung
I I	(laut)	Alle tanzen die Bewegungsfolge auf grossem Raum
I I	Zwischenspiel	Jeweils etwa acht Schüler bilden eine Reihe, wickeln sich zu **Schnecke** und **Knoten** und bilden eine **Qualle**
I I I I	Strophe instrumental	Auf die Akzente in der Musik löst sich ein Schüler nach dem andern aus der Qualle und bewegt sich frei, gemeinsam bilden sie einen Kreis
I I	Refrain	Alle tanzen die Bewegungsfolge im Kreis und auf die Kreismitte zu
I I I I	3. Strophe	Aus dem Kreis bilden sich je nach Anzahl Schüler verschiedene **Ketten**, die über die ganze Strophe durchgespielt werden
I I I I I	Refrain	Alle tanzen die Bewegungsfolge - mit viel Raum - wenig Raum - auf kleinem Raum Hin- und Herschaukeln ... **ins Lot kommen** ...

Der Schatten wird lebendig

Am Lehrerseminar Marzili in Bern unterrichte ich Rhythmik und Tanz und setze mir zum Ziel, am Ende des Schuljahres mit einer Tanzaufführung Einblick in unsere Arbeit zu geben.
Damit werden die Schülerinnen und Schüler aufgefordert, intensiver, als es sonst vielleicht der Fall wäre, an verschiedenen Tänzen zu arbeiten.
Einmal fand ich bis etwa drei Monate vor Schulabschluss keinen Rahmen, unter welchem wir die Aufführung darbringen wollten. Während einem dreiviertel Jahr hatten wir uns durch alle Tanzstile bewegt, vom höfischen Tanz bis zum Jazztanz. Die Schüler machten mit, waren begeistert, aber mir schien, der Funke sei noch nicht recht gesprungen.
So brachte ich eines Tages den 'Gnom' von Mussorgsky mit. Zuerst liess ich die Schüler sich zur Musik frei bewegen, und plötzlich waren alle gepackt, wollten mehr, weiter und tiefer gehen. Die nachfolgend beschriebenen drei Tänze entwickelten sich innerhalb weniger Stunden, und ich als Lehrerin konnte hinter die gemeinsame Arbeit der Klasse zurücktreten.

Allen drei Tänzen wird jeweils als Vorspiel die 'Promenade' vorangestellt, gleich wie Mussorgsky sie als Einleitung zu jedem seiner 'Bilder einer Ausstellung' wiederholt.

Mein Schatten wird immer grösser
und grösser
ich selbst werde immer kleiner
und kleiner
klein wie eine Maus.
Mein Schatten wird immer grösser
und grösser
ich selbst werde immer kleiner
und kleiner
klein wie ein Punkt.
Wo führt dies hin ?
Wo führt dies hin ?
In die grosse und kleine Unendlichkeit.

Hans Arp

Promenade

Es wird also gegangen und so und so und anders und wieder anders und wieder anders und anders anders und schnell und langsam und anders schnell und anders langsam und schneller langsam und laut und leise und noch leiser und laut und schnell und schnell und leise und die andern langsam und laut und umgekehrt und immer wieder anders auf Händen und Füssen und Knien und auf dem Bauch und in dem und jenem Rhythmus laut und leise und schnell und langsam und in immer anderem Rhythmus immer wieder anders und wieder langsam und laut und anders langsam und leiser laut und langsamer schnell und im Rhythmus wie ihn der Christoph vormacht und man setzt in den Rhythmus einen neuen Akzent und setzt in das Laute den leisen Akzent und in das andere Leise das noch Leisere und kräftig und heftig oder schwach in dem und dem Rhythmus und setzt da und dort den und den Akzent und geht hierhin und dorthin und hier und dort und geht in der Gesamtgruppe in der Halbgruppe und in der Kleingruppe und schaut zu und zeigt vor und geht wieder mit allen schnell und laut und langsam und kräftig und laut und schwach und hört wie es schnauft und riecht wie es schwitzt bis dann alle stillestehen und beim Stillestehen merken dass sie sich bewegt haben

Max Huwyler

Einstimmung

Improvisation 1
Verteilt im Raum gehen die Schüler auf verschiedenen Wegen. Sie begegnen ihren Mitschülern unterwegs auf unterschiedliche Art und Weise, zum Beispiel höflich und kühl, freudig und übermütig, wütend, ängstlich, mit verschiedenen Impromustern wie **Spiegel, Waage, Figurenwerfen**.

Improvisation 2
Zwei Schüler stehen sich gegenüber und wählen eine Begegnungsart und -weise aus der Improvisation 1 aus. Sie beginnen mit ihr zu spielen, verändern sie spontan und kommen so zum Beispiel von der **Waage** zum **Spiegel**, in einen Kampf, in höfliche höfische Formen usw.

Improvisation 3
In einem begrenzten Raum denkt sich jeder Schüler einen kurzen Weg aus, auf dem er diesen durchquert. Er geht seinen Weg in beliebigen zeitlichen Abständen und kehrt sofort oder nach einer kurzen Wartezeit auf demselben Weg an den Ausgangspunkt zurück.
Auf diese Weise ergeben sich Begegnungen mit Mitschülern, die im gleichen oder in einem andern Rhythmus andere Raumwege gehen. Sobald sich zwei begegnen, führen sie spontan eine in der Improvisation gefundene Bewegungsart aus. Mit der Zeit stimmen sich die Begegnungen auf dem 'Wegnetz' aufeinander ein und rhythmisieren sich.

Ausführung

Musik:
Promenade aus 'Bilder einer Ausstellung' (Modest Mussorgsky), orchestriert von Maurice Ravel, AZ 6.42645

Die Begegnungsarten, wie sie sich aus der Improvisation 3 ergeben haben, werden zur Musik von Mussorgsky/Ravel ein paarmal durchgespielt, bis sich eine spannende, deutliche Choreographie herausbildet.
Der Schluss der Promenade ergibt jeweils die entsprechende Ausgangsposition der drei 'Gnom'-Versionen.

Du und ich

In der Musik 'Der Gnom' wechseln zwei verschiedene Themen ab oder überschneiden sich. So habe ich den beiden Themen je eine Person zugeteilt; zu den ruhigeren Teilen den 'Zuschauer', zu den lebhafteren Teilen den 'Gnom'. Diese beiden Rollen werden paarweise getanzt. Der 'Zuschauer' nähert sich mit geführten, schönen Bewegungen neugierig dem 'Gnom', der diesem mit wilden und ungewohnten Bewegungen antwortet. Daraus entsteht ein Dialog, dessen Aussage den einzelnen Paaren überlassen sein soll.

Einstimmung

Improvisation 1
Die Schüler gehen während 8 Pulsschlägen in gerader, guter Haltung durch den Raum, hierauf während wiederum 8 Pulsschlägen in gekrümmter, schlechter Haltung.

Improvisation 2
Jeder Schüler spielt an Ort mit dem Gleichgewicht vw, rw, sw und pendelt sich wieder ein.

Improvisation 3
Zwei Schüler stehen sich gegenüber. Der eine bewegt sich an Ort und nimmt verschiedene Positionen ein. Der andere stoppt ihn auf Zuruf, wenn ihm eine der Posen besonders gefällt. Dann werden die Rollen vertauscht.
Die Schüler sollen sich gegenseitig anspornen, die eigenartigsten, einem wirklichen Gnom entsprechenden Positionen zu finden.

Bewegungsfolge

Eine feste Bewegungsfolge ist nicht vorgesehen, dafür wird nach der Einstimmung folgendes geübt:
Zwei Schüler simulieren einen Kampf. Jeder versucht den andern mit langsamen Bewegungen aus seiner Position zu drängen.
Die zwei Schüler suchen verschiedene Formen, in denen sie sich durch den Raum stossen, ziehen, schleppen oder rollen usw.

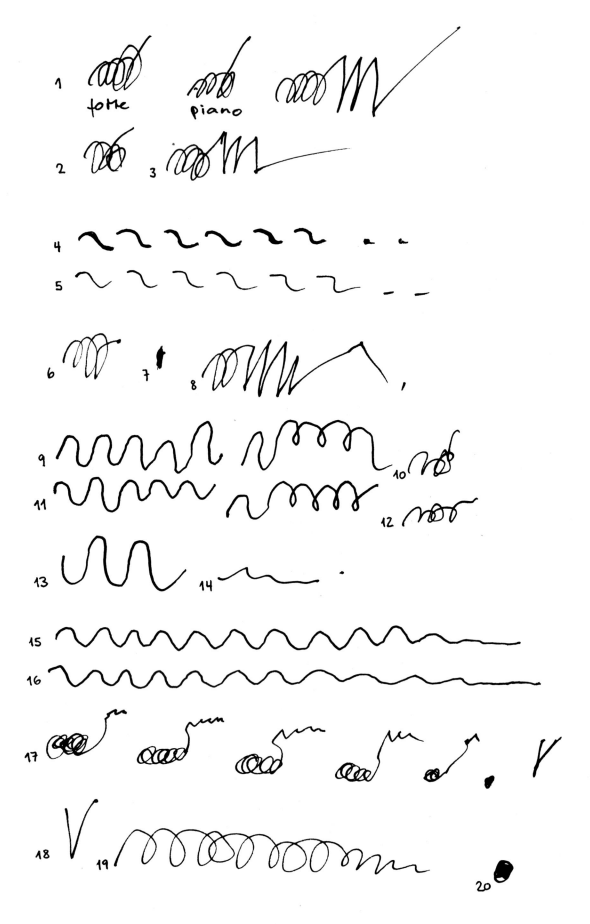

Nachdem ich die Musik zeichnerisch umgesetzt habe, kann ich den einzelnen musikalischen Elementen bestimmte Bewegungen und Bewegungsabläufe zuordnen. Das ergibt für den 'Gnom' das nebenstehende Bild.

Choreographie

Musik: 'Der Gnom' aus 'Bilder einer Ausstellung' (Modest Mussorgsky), orchestriert von Maurice Ravel, AZ 6.42645

Ausgangsbild = Schlussposition der Promenade

1 Gnom bewegt sich an Ort, wird wild mit 'komischen' Bewegungen.

2 Gnom bewegt sich vom Platz und endet mit

3 einem Sprung in eine der in der Improvisation 3 geübten Positionen.

4 Zuschauer kommt vorsichtig auf den Gnom zu,

5 umkreist ihn.

6 Gnom bewegt sich wieder.

7 Zuschauer erschrickt, weicht zurück.

8 Zuschauer und Gnom stehen sich gegenüber, schauen sich an.

9 Kampf zwischen Zuschauer und Gnom, Gnom ist stärker,

10 Kampf ist ausgeglichen,

11 Zuschauer wird stärker,

12 loslassen.

13 Neuer Kampf,

14 voneinander wegstossen.

15 Gnom packt Zuschauer und zieht ihn hinter sich her.

16 Zuschauer packt Gnom, zieht ihn hinter sich her.

17 Beide lösen sich voneinander und nehmen auf die Impulse der Musik ihre Position und Stellung ein.

18 Beide schauen sich an, gehen aufeinander zu.

19 Gnom und Zuschauer halten sich an den rechten Handgelenken, **Figurenwerfen**, und finden ihre

20 Schlussposition

Ich und ich

Nachdem wir in einer Klasse mit der Originalorchestermusik von Mussorgsky/Ravel und verteilten Rollen gestaltet hatten, brachte ich den Schülern die Synthesizerfassung von Tomita mit. Einige Schüler waren sofort angesprochen und entwickelten Ideen, während die andern die Musik als kühl und künstlich empfanden.
Wir diskutierten hin und her, wie diese Musik tänzerisch umgesetzt werden könnte. Die Schüler machten zum Beispiel die Vorschläge, hinter einem durchsichtigen Plastikvorhang zu tanzen oder einen Teil der Schüler als vorerst leblose Puppen von den andern zum Leben zu erwecken.
Wir haben auch Ansätze bei Märchenfiguren wie Rumpelstilzchen, Zwerg Nase, Rösschen Hü und Nussknacker gesucht. Plötzlich sagte ein Schüler: "Jeder kann auch beide Rollen, diejenige des Zuschauers und diejenige des Gnoms, abwechslungsweise darstellen; der Kobold, mein Schatten, steckt auch in mir."

Alle waren begeistert von dieser Idee, und wir fanden folgende Lösung:
Mit dem Rücken zum Publikum sollte der Gnom dargestellt werden, mit der Vorderseite der angepasste, korrekte Zuschauer. Wir bemalten zwei weisse Masken, für die Vorderseite ein Gesicht mit schönen, unnahbaren Zügen, für die Hinterseite eine hässliche, ausdrucksvolle Fratze.

Das Malen der Masken war leicht, schwieriger war es, der Hinterseite entsprechende Bewegungen zu finden. Wir bemühten uns, sogenannt hässliche Bewegungen rückwärts auszuführen, aber beim Zuschauen bei diesen Versuchen mussten wir lachen und stellten fest, dass hinter diesen Bewegungen mehr Humor als Hässlichkeit steckte.

Einstimmung

Improvisation 1
Die Schüler gehen gleichmässig durch den Raum. Plötzlich nimmt einer eine eigenartige Stellung ein, die nach und nach von allen imitiert wird. Einer nach dem andern löst sich aus dieser Pose, geht durch den Raum, bis wieder einer eine neue ungewohnte Stellung einnimmt.

Improvisation 2
Alle Schüler liegen entspannt auf dem Boden und kneten sich das Gesicht. Auf ein akustisches Zeichen hin frieren sie ihre Grimasse ein und versuchen, den Ausdruck auf den ganzen Körper zu übertragen. Dasselbe wird im Stand und in der Fortbewegung geübt.

Improvisation 3
Die Schüler bewegen sich frei, mit folgenden Vorstellungshilfen durch den Raum:
- mit geführten Bewegungen eine grosse Leinwand grundieren
- mit schwingenden Bewegungen Striche malen
- mit Staccatobewegungen Akzente setzen
- mit schüttelnden, vibrierenden Bewegungen alles wieder ausradieren.

Anstelle einer vorgegebenen **Bewegungsfolge** wird folgendes geübt:
- in gerader, aufrechter Haltung,
- in gekrümmter, gnomhafter Haltung durch den Raum gehen.

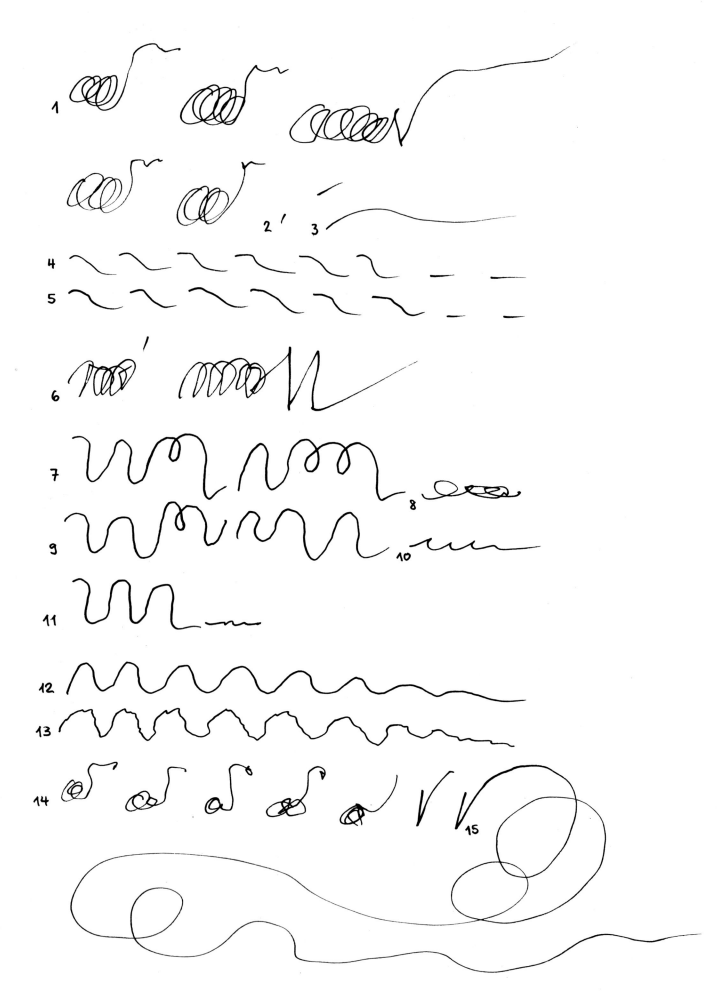

Choreographie

Musik: 'The Gnome' aus 'Pictures At An Exhibition' (Modest Mussorgsky),
          Synthesizerfassung von Isao Tomita, APL 1-0838

Ausgangsbild: Die Schüler kauern mit dem Rücken zum Publikum am Boden

1 Auf die Akzente in der Musik bewegen sie sich schüttelnd und zeigen durch Aufrichten kurz ihre rückseitige Maske.

2 Mit einem Sprung stehen sie auf.

3 Langsam drehen sie sich gegen das Publikum.

4 Mit 5 majestätischen Schritten gehen sie diagonal nach re, mit einem Armkreis zeigen sie stolz ihre schöne Seite.

5 Wiederholung, aber nach li.

6 Mit dem Rücken zum Publikum schnelle, zackige Gnombewegungen.

7 Langsam drehen sich die Schüler nach re um die eigene Achse, mit entsprechendem Haltungswechsel.

8 Mit schnellen Bewegungen springen sie wieder in die Gnomstellung.

9 wie 7, aber nach li.

10 wie 8, aber nach li.

11 Die Schüler stehen in Gnomstellung mit dem Rücken zum Publikum und schauen einmal über die re, dann über die li Schulter, ihr schönes Gesicht zeigend.

12 Sie drehen sich zum Publikum und gehen mit sicheren Seiltänzerschritten auf dieses zu.

13 Sie kehren den Rücken zum Publikum und gehen mit zittrigen Schritten wieder auf den Ausgangsplatz zurück.

14 Auf jeden Akzent in der Musik nehmen sie eine andere Stellung ein, der Vorder- oder Rückseite entsprechend, und fassen ihre Masken mit den Händen.

15 Langsam beginnt sich jeder um die eigene Achse zu drehen, wird schneller, reisst zum Schluss beide Masken vom Kopf und hält sie in den Händen, sein wahres Gesicht zeigend.

Ordnung und Unordnung

Während eines Lehrerfortbildungskurses mit dem Thema 'Malen und Bewegen' malten, zeichneten und tanzten wir die beiden vorne dargestellten Versionen des 'Gnom'. Am Kursende kam eine Teilnehmerin auf mich zu und fragte mich, ob ich die Version von Emerson, Lake and Palmer auch kenne. Ich verneinte, ging die Platte aber am andern Tag kaufen.
Die Popmusiker interpretieren Mussorgskys Vorlage völlig eigenständig, dehnen und wiederholen die einzelnen Motive. Ich begann wieder zu zeichnen, und dabei entwickelte sich der Tanz 'Ordnung und Unordnung'.

Ich hatte zu jener Zeit wegen eines administrativen Fehlers Schwierigkeiten mit einer Institution und regte mich sehr darüber auf, dass die Form wichtiger war als der Inhalt. Dabei musste ich aber auch zugeben, dass der Inhalt sich verliert, wenn bestimmte Formen nicht eingehalten werden. Ich spiele zum Beispiel sehr gerne Volleyball, verlasse aber das Spielfeld, wenn die Regeln nicht beachtet werden.
Auch wird Ordnung und Unordnung verschieden interpretiert. Was meine Tochter noch als Ordnung empfindet, empfinde ich als Sauordnung. Das eine wird immer am andern gemessen. Ich besprach das Thema mit einer meiner Klassen, und jeder Schüler und jede Schülerin hatte eine passende Erfahrung dazu, die sie in den Tanz einbringen konnten.
Der Ordnung als tägliche Wirklichkeit mit ihren Regeln, Geboten und Verboten steht die Unordnung als persönliche Wahrheit gegenüber. Jeder versucht, in der äusseren Wirklichkeit auf eine ihm gemässe wahre Weise zurecht zu kommen. Diese Auseinandersetzung zwischen Wahrheit und Wirklichkeit drückt sich aus im Wechsel zwischen vorgegebenen Bewegungsformen und offener Bewegung, wobei sich jeder selbst erfahren kann.

Einstimmung

Improvisation 1
Für die 'Ordnung' wurde folgende Bewegung gewählt: Stehen an Ort, li Fuss bleibt am Platz, mit dem re Bein Pendelschritt abwechslungsweise re sw und re vw, mit Gewichtsverlagerung.
Der Raum wird in vier Felder eingeteilt, denen verschiedene Funktionen zugeordnet werden:

Ordnung	Unordnung
Ruhe	Impromuster

Die Schüler können sich von einem zum andern Feld frei bewegen.

Improvisation 2
Jeder beginnt für sich mit der Bewegung der 'Ordnung' aus der Improvisation 1, vergrössert sie im Raum, verlässt seinen Ausgangspunkt und beginnt an einem neuen Platz mit der Bewegung.

Improvisation 3
In einem begrenzten Raum führen die Schüler die in den vorangegangenen Improvisationen entwickelten Bewegungen aus. Etwa drei Schüler schauen von ausserhalb dieses Raumes zu. Sobald ein vierter zu den Zuschauenden stösst, begibt sich einer von diesen in den Raum und mischt sich unter die sich Bewegenden usw.

So teilte ich die Klasse in Ordnung und
Unordnung und stellte die beiden Gruppen einander gegenüber.
Die 'Ordnung' bewegte sich zur ruhigen,
die 'Unordnung' zur wilden Musik. Dabei
konnte jeder jederzeit sein ursprüngliches Feld verlassen, eine andere
Rolle tanzen und wieder zurückkehren,
wobei jedem freigestellt war, wie oft
er wechseln oder wie lange er in einer
Rolle verharren wollte.

Ich versuchte diesen Tanz auch oft mit
anderen Gruppen und war überrascht,
dass sich alle bei guter, fröhlicher
Stimmung zum Schluss auf der ungeordneten Seite befanden, dass sich gerne
jeder von den andern zu lustigen, komischen Bewegungen anregen liess.

Choreographie

Musik: 'The Gnome' aus 'Pictures At An Exhibition' (Modest Mussorgsky), von Emerson, Lake and Palmer, Manticore 87 226 ET

Ausgangsbild: Trommelwirbel.
Der Raum wird in zwei Hälften aufgeteilt. Auf der einen Seite stehen die Schüler in gerader Haltung als 'Ordnung', während auf der andern Seite eine Gruppe in Form verschiedener eigenartiger Gestalten die 'Unordnung' verkörpert.

1 Die 'Unordnung' bewegt sich, die 'Ordnung' schaut gelassen zu.

2 Die 'Ordnung' schaukelt hin und her, der vorderste Schüler gibt die Bewegung an.

3 Die 'Unordnung' bewegt sich wieder.

4 Ein Schüler aus der 'Ordnung' schleicht zur 'Unordnung' und wird auch zur 'Unordnung'.

5 Die 'Unordnung' springt herum.

6 Die 'Ordnung' bewegt sich vw, sw, die 'Unordnung' schaut zu.

7 Kurze Bewegung der 'Unordnung'.

8 Abwechslungsweise 'Ordnung'/'Unordnung', wobei einzelne ihren Platz wechseln und sich entsprechend verändern.

9 Die 'Ordnung' beginnt in gerader Haltung durch den ganzen Raum zu gehen.

10 Die 'Unordnung' schleicht um die 'Ordnung' herum. Je eine 'Unordnung' steht vor eine 'Ordnung'.

11 Je eine 'Unordnung' und 'Ordnung' halten sich an den Händen. Mit der Gestaltungsform **Waage** wechseln sie gleichzeitig auch den Ausdruck.

12 **Waage**, wobei einer der beiden langsam auf den Boden sinkt und

13 auf den Schlusston fallengelassen wird.

Schlussbild: Aufrecht stehen die 'Ordnungen' in gerader Haltung im Raum, zwischen ihnen liegen oder kauern die 'Unordnungen'.

Alles ist in mir

*alles ruht
einzelnes bewegt sich*

*bewegt sich einzelnes
alles ruht*

*ruht alles
einzelnes bewegt sich*

*bewegt sich einzelnes
ruht alles*

*alles ruht
einzelnes bewegt sich*

Eugen Gomringer

Kinder

Die fröhliche Musik 'Tanz der Stunden' aus Amilcare Ponchiellis Oper 'La Gioconda' animiert Kinder wie Erwachsene zu fröhlichen Bewegungen. Auf die Akzente in den Motiven eines musikalischen Themas reagieren die Schüler mit Sprüngen, Radschlagen, Bewegungen der Freude, um bei einem andern Thema eine gewisse Form (Ordnung) durch ein Impromuster herzustellen. So kann dieser Tanz bei Erwachsenen das Kind in ihnen hervorrufen, das sie übermütig und freudig sein lässt.

Aus einer Kritik zu diesem Tanz, den wir in einer Aufführung der Gruppe 'athletic motion' 'Children' nannten: "Children - Kinder hiess die zweite Szene, die auf den ersten Blick wie ein undurchdringliches Tohuwabohu wirkte. Und erst bei näherem Hinsehen erkannte man die Regeln, Gesetze der Bewegung, genau wie bei spielenden Kindern, die ihr Geheimnis nur preisgeben, wenn wir uns Zeit für sie nehmen."

In meiner Kinderklasse mit Sechs- bis Neunjährigen wird dieser Tanz seit einem Jahr immer wieder verlangt. Die Kinder können ihn unzählige Male wiederholen, und die Fröhlichkeit lebt jedesmal auf.

In Lehrerfortbildungskursen gebe ich diesen Tanz, der schon in verschiedenen Schüleraufführungen gezeigt wurde, gerne weiter, oft unter einem bestimmten Thema, im Winter zum Beispiel als Grittibänz- oder Schneemännertanz, je nachdem als Puppen- oder Clowntanz.

Einstimmung

Improvisation 1
Alle Schüler springen und hüpfen frei durch den Raum. Spontan geben sich zwei Schüler die rechte Hand und improvisieren **Figurenwerfen**.
Die so entstandenen Formen verändern sich schlagartig, lösen sich auf, und die Schüler springen wieder frei durch den Raum.

Improvisation 2
Zwei Schüler spielen zusammen **Waage**, lösen sich voneinander, gehen auf einen neuen Partner zu, um mit diesem die **Waage** zu improvisieren.

Improvisation 3
Eine Gruppe von Schülern improvisiert **Kaleidoskop**, verändert es laufend.

Bewegungsfolge

Bei diesem Tanz ist keine feste Bewegungsfolge vorgesehen, dafür üben die Schüler in Vierergruppen **Kette**, die sich im Raum verschiebt, weiterentwickelt, an eine andere **Kette** anschliesst usw.

Choreographie

Musik: Tanz der Stunden aus der Oper 'La Gioconda' (Amilcare Ponchielli),
Polydor 224 158

1. Einleitung:
   Alle Schüler springen und tanzen frei im Raum, Freudensprünge, Radschlagen, Kinderspiele usw.

2. Auf die Akzente in der Musik führt jeder einen phantasievollen Sprung aus und dreht sich mit kleinen Schritten um sich herum.

3. Wiederholung; am Schluss bilden vier Schüler **Kette**.

4. **Kette.** Zu jeder Wiederholung des musikalischen Themas löst sich ein Kettenglied, um mit lustigen, freudigen Bewegungen ans andere Ende der **Kette** anzuschliessen (Radschlagen, Purzelbaum, springen, hüpfen usw.).

5. Je zwei Schüler aus der Kette halten sich an den rechten Handgelenken; **Figurenwerfen**.

6. Die geworfenen Figuren verändern mit schlagartigen Bewegungen ihre Formen.

7. Freudensprünge, Böcklispringen usw.

8. Je vier Schüler bilden eine Reihe und spielen **Schnecke**.

9. Aus der **Schnecke** entsteht ein Kreis.

10. Die vier halten sich an den Händen und hüpfen herum ...

11. und gestalten das Ende dieses Tanzes selber, zum Beispiel **Waage, Gruppenskulptur** usw.

Ich lasse diesen Tanz gerne von Kindern tanzen, sie werden dadurch in ihrer kindlichen Unbeschwertheit bestätigt und können diese Erfahrungen speichern. Anderseits tanze ich ihn gerne mit Erwachsenengruppen, um bei ihnen das unbeschwerte Kind hervorzurufen.

Bird Song

Im Repertoire unserer gemischten Gruppe 'athletic motion' zeigten wir mehrmals einen 'schönen' Frauentanz zu lyrischer Jazzmusik. Wir hatten lange geübt, um Arme und Beine schwungvoll und synchron zu bewegen.
In netten Jupes in verschiedenen Farbtönen zeigten wir diesen Tanz dann auch mit Erfolg, eine Mischung von Gymnastik und tänzerischen Bewegungen aus dem Modern Dance.
Wir waren aber nie richtig zufrieden, die 'schönen' Bewegungen passten nicht zu allen von uns. Wir waren zu unterschiedlich gebaut und als Sportlehrerinnen auch eher muskulös und nicht feingliedrig wie man sich Tänzerinnen vorstellt.
Als dann zwei Frauen aus der Gruppe sich wirklich nicht am Platz fühlten und diesen Tanz nicht mehr mitmachen wollten, mussten wir etwas unternehmen. Jede erhielt den Auftrag, nach neuen Ideen zu suchen.

Inzwischen hatte die Männergruppe einen sehr kraftvollen Tanz zusammengestellt, der wegen seiner Stimmigkeit überall mit viel Applaus bedankt wurde.

Plötzlich kam mir die Idee. Es war einfach und selbstverständlich: Jede von uns ist eine eigene Persönlichkeit, dies muss im Tanz zum Ausdruck kommen! So entstanden verschiedene Bewegungsfolgen: athletische, aggressive, lebensfrohe, jazztanzartige, ruhig tänzerische usw., die zuerst als Solo und dann von der ganzen Gruppe getanzt wurden. Jede fühlte sich in eine andere Persönlichkeit ein und verwandelte sich.
Wir hatten für unser Repertoire einen Tanz, der für alle stimmte.

In meinem Unterricht bin ich inzwischen noch weiter gegangen, indem ich Schüler und Erwachsene Menschen mit ihren unterschiedlichen Stimmungen, Haltungen, Gefühlen typisieren lasse. Dadurch stellen sie fest, dass in jedem auch etwas vom andern steckt, ihm je nach Stimmung nicht ganz entspricht, aber doch bekannt ist.
Dabei übt der Schüler tolerant zu sein, den andern mit seinen Stimmungen und Gefühlen anzuerkennen.
Mit dem Versuch, in fremde Rollen hineinzuschlüpfen, kann man bei sich selber Seiten erkennen, die man bisher noch nicht entdeckt oder verdrängt hat.

Einstimmung

Improvisation 1
Alle gehen in verschiedenen Charakteren, Stimmungen durch den Raum und bewegen sich auf Zuruf fröhlich, traurig, aggressiv, wütend usw.

Improvisation 2
Jeder Schüler spielt an Ort mit den verschiedenen Stimmungen, die er mit seiner Körperhaltung zum Ausdruck bringt.

Improvisation 3
Alle laufen in einem Kreis. Wann immer einer will, bricht er zur Kreismitte hin aus und bewegt sich innerhalb des Kreises frei, bis er sich wieder in den Kreis einordnen will.
Dies soll relativ lange durchgespielt werden. Bei fortgeschrittenen Klassen befinden sich oft alle innerhalb des Kreises, während bei Anfängern das Laufen auf der Kreisbahn bevorzugt wird.

Bewegungsfolge

Zählmass	Zählen	Bewegung
I	1 ... 4	Zwei Laufsprünge von li nach re mit Armen in der Seithalte
	5 ... 8	vier Laufschritte mit den Armen am Körper

Jeder Schüler wählt für sich eine Stimmung aus und sucht allein oder mit Gleichgestimmten eine ihm entsprechende Bewegungsfolge über 4 x 8 Pulsschläge (IIII).
Bis ihre Bewegungen die gewählte Stimmung deutlich ausdrücken, braucht es oft mehrere Lektionen.

Tanzen?
Das Ideal für mich wäre, wenn jeder Mensch seinen eigenen Ausdruck und seine eigene Wahrheit finden könnte. Ich glaube auch, dass jeder Mensch diese Möglichkeit hat. Dabei spielt die Tanzart keine Rolle ...
Trudi Schoop

Choreographie

Musik: Birdsong von Lene Lovich, AO 6.24228
Zählmass: I = 8 Pulsschläge

Zählmass	Musikprofil	Bewegungsfolgen
	Einleitung, Geräusch und hohe Frauenstimme, Vogelgezwitscher	Ausgangsposition: Im Hintergrund stehen die Schüler in einer Reihe in verschiedenen Posen, ihrem Typ entsprechend
I I I I	Einleitung, Rhythmus und Stimme	Ein Schüler nach dem andern löst sich aus seiner Position und läuft auf einer Kreislinie, bis alle in gleichmässigem Abstand auf dem Kreis laufen
I I I I I I I I	1. Strophe	Alle laufen auf dem Kreis in der eingeübten Bewegungsfolge; je nach Bedürfnis löst sich ein Schüler aus der Kreislinie und bewegt sich frei innerhalb des Kreises, um sich danach wieder einzuordnen
I	Zwischenspiel	Alle laufen ruhig auf der Kreislinie
I I I I I I I I	2. Strophe	Der Kreis verkleinert sich: I - Die Schüler laufen auf der Peripherie I - Die Schüler laufen auf verkleinerter Peripherie I - Die Schüler laufen auf enger Peripherie I - Die Schüler laufen um das Kreiszentrum mit kleinen Schritten I - Alle brechen aus der Kreismitte aus und drehen sich um sich selbst herum I - Alle laufen wieder zur Kreismitte I - um wieder auszubrechen I - und sich wild um die eigene Achse zu drehen
I I	Zwischenspiel	Alle Schüler gehen im vereinbarten Rhythmus, z.B. 'Jazzwalk', rückwärts in ihre Ausgangsposition
I I I I I I I I I I I I I I I I	Refrain Zwischenspiel	Immer über IIII tanzen ein oder mehrere Schüler im Charakter ihres Typs und verharren danach in einer selbstgewählten Schlussposition: Jazztanz aggressiver Punk verführerisch, sinnlich schöne, geführte Bewegungen

I I I I I I I I I I	3. Strophe Zwischen- spiel	athletisch lebensfroh Alle lösen ihre letzten Positionen auf und bilden eine Gruppe
I I I I I I I I I I I I I I I I I I I I I I	Refrain Ausklang	Gemeinsam tanzen sie die Bewegungsfolgen der Solisten, oder: einige tanzen den jeweiligen Part, die andern ahmen mit ihren Stellungen und kleinen Bewegungen den Typ nach Die Bewegungsfolge zu Ende tanzen, auch nach der Ausblendung der Musik, und in eine selbstgewählte Schlussposition gehen

It's raining men

Jahrelang verbrachte unsere Familie die Winterferien bei Freunden in Davos. Tagsüber genossen wir Sonne und Schnee, und am Abend tanzten wir oft lange zu verschiedener Musik, improvisierten, lachten und sangen. Vor zwei Jahren war der Song 'It's raining men' unser liebstes Lied, das uns zu fröhlichen Bewegungen anregte. Ich achtete nicht auf den Text, bis meine heranwachsende Tochter mich fragte, ob ich eigentlich wisse, was die beiden Frauen singen. Ich las auf der Plattenhülle den Text und freute mich über dessen Inhalt: Es regnet Männer.
Ich übersetzte den Inhalt sofort auf Tanzen, das heisst wir freuen uns, dass immer mehr Männer tanzen. So ergab sich schnell die Idee, einen fröhlichen Tanz zusammenzustellen, bei dem wir Schirme miteinbezogen.

Ich brachte diesen Tanz in meine Mädchenklasse, erklärte den Inhalt, und alle machten freudig mit. Es war dann jedem Mädchen selber überlassen, ob es am Schluss des Songs den Schirm offen behalten oder schliessen wollte.
Diesen lustigen Tanz zeigten wir öfters vor Publikum. Es war mir dann auch recht, wenn nicht alle Zuschauer den Inhalt verstanden, wenn nur die Mädchen den Hintergrund kannten, um ihn in ihren Bewegungen zum Ausdruck zu bringen.

It's raining men
Hallelujah, It's raining men ... Amen
I'm gonna go out
Gonna let myself get
Absolutely soaking wet!
It's raining men
Hallelujah, It's raining men ... Amen

Paul Jabara/Paul Shaffer

93

Einstimmung

Improvisation 1
Alle Schüler bewegen sich mit ihrem Schirm frei durch den Raum, spielen mit ihm, öffnen und schliessen ihn, werfen ihn hoch. Sie kämpfen gegen den Wind oder lassen sich von ihm forttreiben. Sie ducken sich unter dem Schirm, senken ihn und fangen die Regentropfen mit Hand und Gesicht auf usw.

Improvisation 2
Zwei Schüler benützen zusammen einen Schirm und spielen **Frage/Antwort**.

Improvisation 3
Zwei Schüler improvisieren mit ihren Schirmen, ahmen einander nach (**Führen/Folgen**) und suchen zusammen einen Bewegungsablauf, den sie zur Uebungsmusik wiederholen.

Bewegungsfolge

Zählmass	Zählen	Bewegung
I	1 ... 8	Vier Nachstellschritte nach re, dabei Schirm waagrecht
I	1 ... 8	Den Schirm mit re Hand neben sich aufstellen, mit 7 Schritten um ihn herumgehen, re beginnend, auf 8 li Fuss unbelastet anstellen, dabei li Arm seitlich halten
I	1 ... 8	Wiederholung, aber nach li
I	1 ... 8	
I	1 ... 8	8 Schritte rw gehen, re beginnend, dabei den Schirm zweimal waagrecht hochwerfen, ihn das erste Mal mit beiden Händen, das zweite Mal mit der rechten Hand am Griff fangen
I	1 ... 8	Den Schirm in einem grossen Kreis vor dem Körper schwingen, auf 8 mit li Hand fassen
I	1 ... 8	Wiederholung, aber mit der li Hand, auf 8 den Schirm unter den re Arm klemmen
I	1 ... 8	Mit 6 'lässigen' Schritten vw gehen, auf 7 und 8 den Schirm seitlich über den Boden wegschleudern

Zu Pop- und Jazzmusik üben die Schüler unter Anleitung des Lehrers verschiedene Schritte und Sprünge aus dem Jazztanz.
Alle Schüler durchqueren den Raum, wobei jeweils ein Schüler die Schrittfolge angibt, die von allen übernommen wird.

Aus diesen Variationen stellen je vier Schüler eine Schrittfolge (IIII) zusammen, die sie dann im Tanz zum Refrain ausführen können.

Choreographie

Musik: It's Raining Men von The Weather Girls, CBS 25719
Zählmass: I = 8 Pulsschläge

Zählmass	Musikprofil	Bewegungsfolgen
I I I I I I I I I I I I	Einleitung instrumental Einleitung vokal	Improvisation mit Schirm: Sturm und Wind nachempfinden Alle stehen still, schauen unter dem Schirm hervor, auf die Worte "Hi ... leave those umbrellas at home" schliessen ihn langsam und fassen ihn an beiden Enden
I I I I I I I I 4 PS I I I I 4 PS I I I I 4 PS	1. Strophe Ueberleitung Refrain Ueberleitung vokal	Bewegungsfolge mit Schirm Alle bilden eine Gruppe Schrittfolge Jazztanz Alle verteilen sich im Raum Drehungen um die Achse mit gestreckten Armen Auf die Akzente (Worte) der Musik schnell mit offenen Armen verschiedene Positionen einnehmen zum Schluss bilden alle zusammen einen Kreis
I I I I I I I I I I I I I I + 4 PS I I I I I I I I I	2. Strophe Ueberleitung Refrain Ueberleitung Zwischenspiel vokal	Alle laufen, sich an den Händen haltend, mit 16 Schritten auf der Kreislinie nach re, mit 8 Schritten zur Kreismitte und mit 8 Schritten zurück, Wiederholung auseinanderdrehen zur Gruppe für Jazztanz Schrittfolge Jazztanz Jeder holt sich wieder einen Schirm Improvisation unter dem Schirm; bei 'Rip off the roof' schliessen alle die Schirme wieder gehen in die Ausgangsposition für ihren paarweise eingeübten Bewegungsablauf aus Improvisation 3
I I I I I I I I I I I I I I I I I I I I I I I I I I I I I I I I I I I I I I I	Wiederholung 2. Strophe Ueberleitung Wiederholung 1. Strophe Refrain viermal	Je zwei Schüler tanzen zusammen ihren gemeinsam erfundenen Bewegungsablauf mit Schirmen Alle gehen in die Ausgangsposition für die Bewegungsfolge mit Schirm (1. Strophe) Bewegungsfolge mit Schirm Die Hälfte der Schüler bleibt mit geöffneten Schirmen stehen, die andere Hälfte tanzt mit geschlossenen Schirmen frei durch den Raum Je zwei Schüler finden einen gemeinsamen Schluss

Quarrel

Dieser Tanz besteht ausschliesslich aus Impromustern. Als ich mit meiner Tanzgruppe 'athletic motion' daran arbeitete, tauchte eben die Frage auf, was ich damit wolle. Meine Antwort: Bringt Eure Emotionen in die Bewegung!

Alle in diesem Tanz verwendeten Impromuster verkörpern die Beziehung zum Partner, Gefühle und Spannungen, Zuneigung und Abneigung.
Je mehr an eigenen zwischenmenschlichen Erfahrungen und Emotionen zum Ausdruck gebracht wird, umso lebendiger und echter wird der Tanz.

Nachdem ich diesen Tanz choreographiert hatte, las ich in einer Biografie von Bartók, dass er beim Komponieren der 'Burlesque' selber in einem momentanen Spannungsverhältnis stand.

Ich habe dieses Thema später zum A-Moll Klavierkonzert von Edvard Grieg choreographiert und öfters mit meiner Tanzgruppe aufgeführt. Dabei stellte sich heraus, dass ich den Studenten den Ausdruck von Erfahrungen zumutete, die sie in ihrem Alter noch gar nicht oder nur zum Teil haben. Die Bewegungen behielten ihre ansprechende Form, sagten aber nicht mehr viel über den Inhalt aus.
Die Aufführung des Tanzes berührte denn auch viel eher reifere Zuschauer, während die jüngeren hauptsächlich den äusseren choreographischen Ablauf sahen.

du drehst dich um und um
sind wir verdreht –
ich bin verdreht
du bist verdreht
ich dreh mich um
du drehst dich um und um

du kehrst mich um und um
sind wir verkehrt –
ich bin verkehrt
du bist verkehrt
ich kehr dich um
du kehrst mich um und um

Paul Grass

Einstimmung

Improvisation 1
Alle Schüler hüpfen und springen durch den Raum. Spontan gehen jeweils zwei aufeinander zu, drücken mit wechselnder Spannung ihre Handflächen gegeneinander und führen einen 'Slowmotion'-Kampf aus.

Improvisation 2
Je zwei Schüler improvisieren abwechslungsweise **Spiegel, Schatten, Figurenwerfen, Frage/Antwort, Führen/Folgen.**

Improvisation 3
Jeder Schüler führt für sich verschiedenartige Bewegungen aus, geführte, schwingende, schlagartige, vibrierende, im Wechsel mit freier Bewegung durch den Raum.

Choreographie

Musik: Quarrel aus Three Burlesques (Béla Bartók), SLPX 11336

Ausgangsbild: Zwei Schüler stehen sich mit Abstand gegenüber

Mit Drehungen um die eigene Achse kommen sie aufeinander zu, gehen wieder voneinander weg. Nach ein paar Wiederholungen führen sie einen Slowmotion-Kampf aus.

Sie lösen sich voneinander und tasten auf die Akzente in der Musik ihren Umraum ab.

Sie gehen aufeinander zu und

fassen sich langsam an den re Handgelenken.

Gemeinsam drehen sie sich, werden schneller, lassen sich los, **Figurenwerfen**.

Schatten oder **Spiegel**.

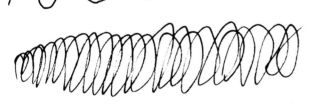

Führen/Folgen, durch den Raum laufen.

Frage/Antwort,

jedes Paar findet seinen eigenen Schluss.

Miteinander

Wir können gegeneinander kämpfen, wobei einer aus diesem Kampf als Sieger, der andere als Verlierer hervorgeht.

Wir können aber auch miteinander kämpfen, indem sich jeder am andern misst, die Partner sich herausfordern und sich bestärken.

So finden wir aus dem Gegeneinander über das Miteinander zum Füreinander; wir sind stärker, fühlen uns aufgehoben, und daraus entsteht neues, lebendiges Wesen.
Darum gilt für mich die Formel
1 + 1 = 3!

*einanderzudrehen und
aufeinandereinstellen*

*ineinandergreifen und
einandermitteilen*

*miteinanderdrehen und
voneinanderlösen*

*auseinanderkreisen und
einanderzudrehen*

*aufeinandereinstellen und
ineinandergreifen*

*einandermitteilen und
miteinanderdrehen*

*voneinanderlösen und
auseinanderkreisen*

einanderzudrehen und

Eugen Gomringer

I'm so tired

Diesen Song der Beatles habe ich schon lange in meinem Repertoire und tanze ihn mit Kindern und Schülern aller Altersstufen.
Zuerst interpretierte ich die in ihrer Dynamik abwechselnde Musik mit Körperspannung und -entspannung, mit geführten und schlagartigen Bewegungen. Wir tanzten ihn auch in Pyjamas und führten am Schluss des Songs eine Kissenschlacht aus.

Heute gehe ich eher vom Text der Beatles aus, wobei sich aber die Bewegungsausführung nicht sehr verändert hat, denn eine körperliche Verspannung macht auch eine psychische Spannung sichtbar.
Wir kennen den Zustand, müde zu sein und trotzdem nicht schlafen zu können; man dreht sich im Bett herum, wälzt immer dieselben Gedanken, fragt sich, ob man aufstehen, etwas unternehmen solle, sinkt wieder ins Bett zurück und spürt, wie langsam eine Wut hochsteigt, die man abreagieren möchte, für die man einen Sündenbock sucht. Man möchte die Wut hinausschreien, sich von ihr lösen, damit die Ruhe kommt.

Wenn sich auch nicht alle Schüler des Inhalts bewusst sind, führen sie den Tanz doch gerne aus. Er ist ernst und lustig zugleich. Meine Kinderklasse verlangt ihn wieder und wieder, denn es macht Spass, abwechslungsweise faul und träge zu sein, um dann mit voller Kraft wütend auf den Boden zu stampfen.

Da die Beatles den Song nicht durchgehend in der gleichen Taktart schrieben, sondern abwechseln zwischen 4/4-, 2/4- und 6/4 Takten, habe ich den Tanz nicht nach dem Musikprofil, sondern nach dem Text notiert.

Einstimmung

Viele der in diesem Tanz vorkommenden Impromuster wurden schon in den vorangegangenen Einstimmungen geübt.

Improvisation 1
Die Schüler gehen abwechslungsweise auf Zehenspitzen oder stampfend durch den Raum. In einem bestimmten Zeitmass wechseln sie ihre Körperspannung. Sie liegen entspannt auf dem Boden und kommen mit zunehmender Spannung in eine stehende Position. Ein Schüler wird als **Statue** von zwei Mitschülern durch den Raum getragen, wobei die **Statue** ihre Spannung nicht verändern darf.

Improvisation 2
Je zwei Schüler improvisieren **Waage**, lehnen sich aneinander, um wieder in eine neue **Waage** zu gehen.
Zwei Schüler setzen sich Rücken an Rücken auf den Boden und versuchen, ohne Abstützen wieder aufzustehen.

Improvisation 3
Aus der vorangegangenen Improvisation entwickeln die Schüler eine Bewegungsfolge, zum Beispiel:
Zwei Schüler lehnen Rücken an Rücken, setzen sich, strecken den re Arm aus, legen den Kopf li rw auf den ausgestreckten Arm ihres Partners, legen sich voneinander weg rutschend auf den Rücken, drehen sich über die li Seite auf den Bauch und schauen sich an.

Bewegungsfolge

Zählmass	Zählen	Bewegung
I	1, 2	Kreuzschritt re über li Bein, aufspringen, li Bein sw schwingen (Spreizsprung)
	3, 4	Kreuzschritt li über re Bein, Drehung um die eigene Achse nach re, Füsse bleiben am Boden, Gewicht auf re Bein verlagern
	5 ... 8	wie 1 bis 4, aber mit li Bein beginnend

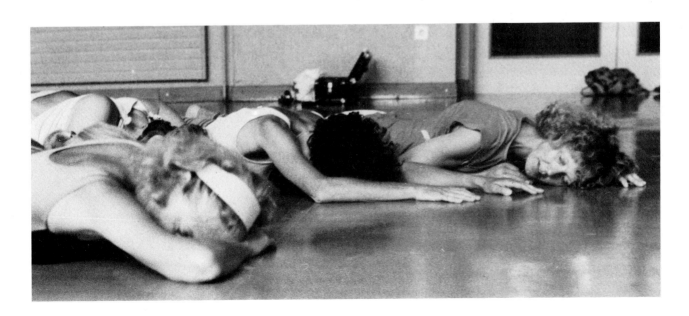

Choreographie

Musik: I'm so tired (Lennon/McCartney) von den Beatles, PCS 7067

PS	Text	Bewegung
8 8	I'm so tired, I haven't slept a wink. I'm so tired, my mind is on the blink,	Alle Schüler liegen im Raum verteilt auf dem Boden, räkeln sich, spannen und entspannen sich
8	I wonder should I get up and fix myself a drink,	Jeder Schüler steht auf und kommt in eine gespannte Haltung
2	no, no, no	Spannung lösen und sich auf den Boden fallen lassen
8 8	I'm so tired, I don't know what to do. I'm so tired, my mind is set on you,	Sich räkeln, langsam aufstehen bei 'you' auf seinen Partner zeigen
4 6	I wonder should I call you but I know what you would do.	Die zwei Schüler gehen mit 4 Stampfschritten aufeinander zu, umkreisen sich
4 4	You'd say that I'm putting you on. But it's no joke, it's doing me harm,	Sie gehen mit je 2 Wechselschritten auseinander und wieder aufeinander zu
8	You know I can't sleep, I can't stop my brain, You know it's three weeks I'm going insane,	Jeder führt einen Spreizsprung mit anschliessender Drehung um die eigene Achse aus (Bewegungsfolge), Wiederholung
8	You know I'd give you ev'rything I've got for a little peace of mind.	Die beiden Schüler halten sich an beiden Händen, drehen miteinander, lassen sich los und gehen z.B. durch seitliches Aneinanderlehnen zur Bewegungsfolge aus der Improvisation 3 über
8 8	I'm so tired, I'm feeling so upset. Although, I'm so tired, I'll have another cigarette	Zwei Schüler lehnen Rücken an Rücken, setzen sich, strecken den re Arm aus, legen den Kopf li rw auf den ausgestreckten Arm ihres Partners, legen sich voneinander wegrutschend auf den Rücken, drehen sich über die li Seite auf den Bauch und schauen sich beim Wort 'cigarette' an (Improvisation 3)
8 2	and curse Sir Walter Raleigh, He was such a stupid git.	Dann drehen sie die Beine über re nach vorn zum Sitz, halten sich an den Händen und stehen mit **Waage** auf

8 You'd say that I'm putting you on.
     But it's no joke, it's doing me harm,
8 You know I can't sleep, I can't stop
     my brain, You know it's three weeks
     I'm going insane,
 	
8 I'd give you ev'rything I've got
     for a little peace of mind.
8
8
 	
     Listen, blissen ...
	Die Schüler halten sich an beiden Händen und drücken gegeneinander, wobei einer den andern abwechslungsweise vom Platz schiebt
	
	Handflächen gegeneinander drücken und stossen sich auf 'mind' voneinander weg, Wiederholung
	Wiederholung
	
	Beide Schüler stehen voneinander entfernt und betrachten sich achselzuckend

Help

Jemanden um Hilfe bitten, fällt uns oft nicht leicht. Der Eine will die andern mit seinen Problemen nicht belasten und zieht sich in sich selbst zurück, der Andere verhält sich selbstsicher, stolz oder sogar abweisend, denn er ist stark und braucht keine fremde Hilfe.
Probleme, in die man oft tagelang verstrickt ist, verlieren aber, einmal ausgesprochen, ihre Schwere, denn im Partner, den man um Hilfe bittet, kann man sich spiegeln, aus seinen Reaktionen kann man sich selber erkennen.

Ein gemeinsam getragenes Problem wird damit kleiner, das gemeinsame Tragen macht stark, befreit. In diesem Sinn verstehe ich den Song 'Help'.

Es wird nicht jedem Schüler leicht fallen, seinen Mitschüler zu berühren, sich an ihn anzulehnen, auch ihn, wenn es notwendig wird, zu tragen. Wenn er sich aber überwinden kann, seinem Partner körperlich zu vertrauen, sich von ihm tragen, von ihm stützen zu lassen, kann er dies vielleicht auch ins tägliche Leben umsetzen.

Einstimmung

Improvisation 1
Alle Schüler gehen frei durch den Raum. Auf ein akustisches Zeichen nehmen sie sofort eine weite gespannte Stellung ein (**Statue**).
Sie gehen wieder frei durch den Raum. Jeweils zwei Schüler gehen aufeinander zu, ohne sich zu berühren drehen sie sich voneinander weg und gehen sofort auf andere Partner zu.

Improvisation 2
Zwei Schüler improvisieren **Spiegel**, erweitern die Improvisation zu **Frage/Antwort** und **Schatten** und kommen gemeinsam in eine freie Bewegung.

Improvisation 3
Zwei Schüler improvisieren zusammen **Waage** und erweitern diese Improvisation, indem der eine den andern auf den Boden gleiten lässt, ihn auf dem Boden herumdreht und wieder hochzieht.
Aus der **Waage** können die Schüler auch andere Bewegungsformen entwickeln, indem der eine den andern zum Beispiel Rücken an Rücken hochhebt usw.
Daraus soll über das Zeitmass IIII eine Bewegungsfolge gefunden werden, die zur Wiederholung der 1. Strophe getanzt wird.

Bewegungsfolge

Zählmass	Zählen	Bewegung
I	1 ... 4	4 kleine Schritte an Ort re, li, re, li, wobei die Hand (re, li, re, li) offen ausgestreckt wird
	5, 6	Sich zur Körpermitte zusammenziehen, Arme angewinkelt (contraction)
	7, 8	Ausfallschritt re, Arme in Seithalte
I	1, 2	re Bein abstossen und li Bein überkreuzen,
	3, 4	ganze Körperdrehung nach li, Gewicht auf re Bein verlagern
	5, 6	Schritt li vw, Standwaage
	7, 8	Beide Hände auf den Boden abstützen, auf den Bauch gleiten
I	1 ... 8	Mit gegrätschten Beinen über die li Seite drehen, Beine anwinkeln, aufstehen auf li Bein
I	1 ... 4	2 Schritte vw re, li, Laufsprung auf re Bein
	5 ... 8	Freie Drehung auf einen Partner zu

Choreographie

Musik: Help (Lennon/McCartney) von den Beatles, PCS 3071
Zählmass: I = 8 Pulsschläge

Zählmass	Musikprofil	Bewegungsfolgen
I I	Einleitung	Ausgangsbild: Die Schüler stehen verteilt im Raum Auf die Rufe 'Help' nehmen sie spontan offene Positionen ein (Improvisation 1)
I I I I	1. Strophe	Alle Schüler gehen frei durch den Raum, begegnen den Mitschülern und drehen sich bei einem Zusammentreffen 'stolz' voneinander weg (Improvisation 1)
I I I I	Refrain	Alle tanzen die Bewegungsfolge in derselben Richtung, am Schluss drehen sich je zwei Schüler einander zu
I I I I	2. Strophe	Die zwei Schüler improvisieren **Spiegel**, erweitern die Improvisation in freie Bewegung (Improvisation 2)
I I I I	Refrain	Die beiden Schüler aus der vorangegangenen Improvisation tanzen die Bewegungsfolge miteinander
I I I I	1. Strophe Wiederholung	Die zwei Schüler tanzen die in der Improvisation 3 entwickelte Bewegungsfolge, trennen sich für die
I I I I	Refrain	Bewegungsfolge in zwei Gruppen, die aufeinander zutanzen
I	Ausklang	Alle Schüler laufen zusammen und bilden auf 'Help!' eine **Gruppenskulptur**

Help! I need somebody, Help!
Not just anybody, Help!
You know I need someone, Help!

When I was younger
so much younger than today
I never needed anybody's help
in any way
but now these days are gone
I'm not so selfassured
now I find I've changed my mind.
I've opened up the doors
Help me if you can, I'm feeling down
and I do appreciate your being round

And now my life has changed
in oh so many ways
my independence seems to vanish
in the haze
but every now and then
I feel so insecure
I know that I just need you
like I've never done before
Help me if you can, I'm feeling down
and I do appreciate your being round
Help me get my feet back on the ground
won't you please, please help me

Lennon/McCartney

Aquarius

Mit dem Musical 'Hair' von Galt MacDermot, von Milos Forman verfilmt, ist ein Zeitdokument entstanden, das uns den Aufbruch der Jugend, die Hippies der 60er Jahre, aber auch die Schrecken des Vietnamkrieges zeigt.

Auch in uns stossen zwei Welten aufeinander, das angepasste Selbst, das ordentlich seine Ziele verfolgt, und das lebensfrohe Ich, das sinn-voll lebt und geniesst.

Der Song 'Aquarius' steht für das neue Zeitalter des Wassermanns. In den letzten Jahren sind zu diesem Thema viele Bücher und Schriften erschienen.
Diese 'Wendezeit' ist zwar nicht nachweisbar, von uns Menschen aber wünschbar und auch lebbar, denn wir sind es, die unsere Welt gestalten. Jeder formt durch sein Tun und Wesen, das sich ausweitet wie die Ringe bei einem Steinwurf ins Wasser, seinen Umkreis.

Die positive Weltanschauung des neuen Zeitalters drücken wir mit fliessenden und schwingenden Bewegungen, Sprüngen und Improvisationen, alleine, mit einem Partner oder in der Gruppe aus. Die harten, schnellen Bewegungen lassen wir weg.

When the moon
is in the seventh house
and Jupiter
aligns with Mars
then peace
will guide the planet
and love will steer the stars

This is the dawning of the
age of Aquarius

Harmony and understanding
sympathy and trust abounding
no more falsehoods or derisions
golden living dreams of visions
mystic crystal revelation
and the mind's true liberation

James Rado/Gerome Ragni

Einstimmung

Improvisation 1
Die Schüler springen, laufen und hüpfen frei durch den Raum.
Spontan bilden drei bis fünf Schüler einen Kreis, laufen zur Kreismitte und bilden eine **Gruppenskulptur**, die wieder in den Kreis übergeht. Sie lassen sich los und drehen sich voneinander weg.

Improvisation 2
Gruppenweise improvisieren die Schüler **Kaleidoskop, Knoten, Masse.**

Improvisation 3
Drei Schüler spielen und improvisieren mit einem grossen Tuch, lassen sich davon zu eigenen Bewegungen inspirieren.
Im Training üben die Schüler vor allem schwingende Bewegungen, die vom Lehrer angegeben, von ihnen verändert und erweitert werden.

Bewegungsfolge 1

Zählmass	Zählen	Bewegung
I	1 ... 4	Schwungvoller Armkreis re, re sw
	5 ... 8	Mit 3 Schritten re, li, re ganze Drehung nach re, Arme seitlich ausgestreckt
I	1 ... 4	li Bein überkreuzt re Bein (1), Schritt re mit halber Drehung nach re (2), Füsse schliessen, Freudensprung (3, 4)
	5 ... 8	Laufsprung auf re Bein (5, 6), in freie, weite Stellung drehen (7, 8)

Bewegungsfolge 2

Zählmass	Zählen	Bewegung
I	1 ... 4	Nachstellschritt re, Nachstellschritt li
	5 ... 8	Nachstellschritt re (5, 6), Schritt li vw (7), re Bein vw und rw schwingen (8)
I	1 ... 4	Schwungvolle Körperdrehung nach re, Füsse bleiben am Boden, Arme schwingen mit
	5 ... 8	Drehung weiterführen und sich auf den Boden setzen, re Bein überkreuzt li Bein
I	1 ... 4	re Bein ausstrecken, nach re rw drehen (1, 2), beide Beine anwinkeln (3, 4)
	5 ... 8	Mit re Arm einen Kreis vor dem Körper ausführen und damit eine Drehung im Sitzen einleiten

Choreographie

Musik: Aquarius aus Hair (Galt MacDermot), BL 03274
Zählmass: I = 8 Pulsschläge (PS)

Zählmass	Musik	Bewegungsfolgen
I I I I I I I I I I I I I + 4 PS	Einleitung instrumental	Je drei Schüler improvisieren zusammen mit einem Tuch (Improvisation 3)
I I I I I I I + 4 PS	When the moon ... aligns with mars Then peace... Aquarius Aquarius Aquarius	Auf "When the moon ..." legen sie das Tuch beiseite, springen und hüpfen freudig Auf 'mars' finden alle Schüler zusammen, um gemeinsam die Bewegungsfolge 1 auszuführen Jeder dreht sich um sich selbst Drei Schüler bilden eine **Gruppenskulptur**, drehen sich voneinander weg (Improvisation 2) und alle laufen zusammen in eine **Masse**
I I I I I	Harmony and understanding Aquarius Aquarius	Bewegungsfolge 2 Jeder dreht sich im Sitzen weiter, steht drehend auf und geht auf einen Partner zu **Spiegel**
I I I I I I I + 4 PS I I I I I I	When the moon ... Then peace... Aquarius Aquarius Aquarius instrumental	Die beiden Partner improvisieren **Schatten** Bewegungsfolge 1, paarweise hintereinander Die beiden Schüler drücken die Handflächen gegeneinander und stossen sich voneinander weg Jeder springt und hüpft frei durch den Raum Spontan improvisieren zwei Schüler **Figurenwerfen** Langsam löst sich eine Figur nach der andern aus ihrer Position, und alle Schüler bilden zusammen eine **Masse**
I I I I I I I I	Harmony ... Aquarius Aquarius Aquarius Aquarius Aquarius Gongschlag	Bewegungsfolge 2 Jeder dreht sich im Sitzen steht mit schwingenden Bewegungen auf alle bilden zusammen einen Kreis **Kaleidoskop, Knoten** **Knoten** zum Kreis auflösen Der Kreis öffnet sich zu einer Linie

Imagine

Dieses letzte Lied möchte ich Ihrer Gestaltung überlassen. Vielleicht sind auch wir manchmal Träumer wie John Lennon, träumen vom Frieden auf unserer Erde und lesen die Tageszeitungen mit der harten Wirklichkeit lieber nicht.

Frau Christine Brügger, die seit längerer Zeit bei mir tanzt, hat dieses Lied mit ihrer Frauengruppe am Friedenstag im Januar 1986 in der Kirche aufgeführt.
Ich freue mich, dass der Tanz nach jahrhundertelanger Verbannung wieder Zugang in unsere Religion findet.

Christine Brügger hat folgende **Choreographie** entwickelt:

Musik: Imagine von John Lennon, IC 064-04 914
Zählmass: I = 8 Pulsschläge

Zählmass	Musikprofil	Bewegungsfolgen
I I	Einleitung	Alle stehen in verschiedenen Positionen im Raum, **Statuen**
I I I I I I	1. Strophe	**Statuen erlösen**
I I I I I I	2. Strophe	**Kaleidoskop** mit Wellenbewegungen
I I I I	Refrain	Zur Mitte gehen mit 4 langsamen Schritten, Hände ausstrecken und mit 4 langsamen Schritten zum Kreisrand zurückgehen, wiederholen
I I I I I I	3. Strophe	4 Misirlou-Schrittfolgen* nach re langsame Drehung um die eigene Achse re, li
I I I I	Refrain	Wie 1. Refrain, zum Schluss **Knoten** bilden, Hände lösen und sich nach aussen drehen

* siehe Zytglogge Werkbuch 'Tanzchuchi'

Imagine there's no heaven
It's easy if you try
No hell below us
Above us only sky
Imagine all the people
Living for today

Imagine there's no countries
It isn't hard to do
Nothing to kill or to die for
And no religion too
Imagine all the people
Living life in peace

Imagine no possessions
I wonder if you can
No need for greed or hunger
A brotherhood of man
Imagine all the people
Sharing all the world

You may say I'm a dreamer
But I'm not the only one
I hope someday you'll join us
And the world will be as one

John Lennon

*The body is the physical aspect of the personality,
and movement is the personality made visible.*   Mary Starks Whitehouse

Ich verstehe den Tanz je länger je mehr als Spiegel des Lebens, als Ausdruck von Wahrheit und Wirklichkeit des einzelnen Menschen.

Jede Bewegung, nicht nur im Tanz, drückt Wahrheit aus. Die Bewegung des Körpers spiegelt den Menschen, sie spielt nichts vor, verdrängt nichts. In der Bewegung selber gestaltet diese Wahrheit die Wirklichkeit. Wenn ich diese gestaltete Wahrheit an mir oder meinem Gegenüber wahrnehme, kann ich auch das Wesen darin erfahren.

In meinen Tänzen wechseln immer vorgegebene Formen mit freier Bewegung ab. Jeder erfährt für sich selbst, in welchen Teilen er sich wohl fühlt, wo er seinen Platz findet.

Ich selber will im Leben wie im Tanz mein Tun nicht nur an den bestätigten Formen messen (mit 'richtig' oder 'falsch' beurteilen), sondern mein Wesen aus seiner inneren Wahrheit heraus weiter entwickeln.
Die neuen, ungewohnten Bewegungen schaffen mir einen Freiraum, in dem sich neue Gedanken und Verhaltensweisen entwickeln können, die vielleicht bis in den Alltag zu Veränderungen führen.

Madeleine Mahler

Fotonachweis

Hugo Lörtscher   Seite 16

Renate Meyer   Umschlag-Vorderseite, Seiten 55 unten, 92

Franziska Scheidegger   Seiten 6, 8, 12/13, 19, 20-35, 44, 45, 46, 47, 48, 50, 51,
                         53, 55 oben, 58, 59, 60, 62/63, 64, 65 unten, 68, 69, 72,
                         73, 77, 80/81, 84, 85, 93, 96, 97, 100/101, 102, 103, 104,
                         105, 107, 108, 109, 110, 112, 113, 116, 119,
                         Umschlag-Rückseite

Niklaus Stauss   Seiten 2, 11, 40, 41, 42, 66, 82, 83, 88, 89, 91, 98

Giraudon   (Ein Ball am Hof Heinrichs III. 1581, in Walter Sorell,
                         Knaurs Buch vom Tanz 1969) Seite 65 oben

Literatur

Arp Hans, Gesammelte Gedichte, Arche Verlag, Zürich 1963
Bernhard Thomas, Gehen, Suhrkamp Verlag, Frankfurt am Main 1971
Bischof Margrit/Mahler Madeleine, Tanz in der Schule, Symposiumsbericht, SVSS 1986
Capra Fritjof, The turning point, Science, society, and the rising culture, Bantam Books, New York 1983
Deharde Tai F., Tanz-Improvisation, Verlag Paul Haupt, Bern 1978
Ferguson Marilyn, Die sanfte Verschwörung, Persönliche und gesellschaftliche Transformation im Zeitalter des Wassermanns, Sphinx Verlag, Basel 1982
Fritsch Ursula, Tanzen, Ausdruck und Gestaltung, rororo, Reinbek b.Hamburg 1985
Gomringer Eugen, konstellationen ideogramme stundenbuch, Philipp Reclam jun., Stuttgart 1977
Grass Paul, in Kurzwaren, Schweizer Lyriker 3, Zytglogge Verlag, Bern 1977
Haselbach Barbara, Improvisation, Tanz, Bewegung, Klett, Stuttgart 1976
Haselbach Barbara, Tanzerziehung, Grundlagen und Modelle für Kindergärten, Vor- und Grundschule, Klett, Stuttgart 1984
Hoffmann Kaye, Tanz Trance Transformation, Dianus-Trikont, München 1984
Huwyler Max, in Schultheater 1, Zytglogge Verlag, Bern 1976
Jacobs Dore, Die menschliche Bewegung, Henn, Kastellaun 1977
Jacobs Dore, Bewegungsbildung - Menschenbildung, Henn, Kastellaun 1978
Klein Petra, Tanztherapie, eine einführende Betrachtung im Vergleich mit Konzentrativer- und Integrativer Bewegungstherapie, Janus, Sunderburg 1983
Laban Rudolf von, Der moderne Ausdruckstanz in der Erziehung, Eine Einführung in die kreative tänzerische Bewegung als Mittel zur Entfaltung der Persönlichkeit, Heinrichshofen, Wilhelmshaven 1981
Mahler Madeleine, Kreativer Tanz, Zytglogge Verlag, Bern 1979
Mahler Madeleine, Move, Choreographien für Schule und Studio, Schott, Mainz 1984
Mettler Barbara, Materials of Dance as a Creative Art Activity, Mettler Studios, Tucson/USA 1960
Mettler Barbara, Children's Creative Dance Book, Mettler Studios, Tucson/USA 1970
Mettler Barbara, Basic Movement Experiences, Mettler Studios, Tucson/USA 1973
Mettler Barbara, Group Dance Improvisations, Mettler Studios, Tucson/USA 1975
Mettler Barbara, Creative Dance in Kindergarten, Mettler Studios, Tucson/USA 1976
Mettler Barbara, Ten Articles on Dance, Mettler Studios, o.J.
Mettler Barbara, Tanz als Lebenselement, Pan 162, Zürich 1983
Sachs Curt, Weltgeschichte des Tanzes, Olms, Hildesheim 1984
Schwarzenau Paul, Das göttliche Kind, Der Mythos vom Neubeginn, Kreuz Verlag, Stuttgart 1984
Schoop Trudi, ...komm und tanz mit mir, Pan 161, Zürich 1981
Taubert Karl-Heinz, Höfische Tänze, ihre Geschichte und Choreographie, Schott, Mainz 1968
Veraguth Urs, eis blumen felder, dendron verlag, Bern 1979
Volk Georg, Entspannung Sammlung Meditation, Einübung zur Erhaltung unserer Gesundheit, Matthias-Grünewald-Verlag, Mainz 1977
Zentralstelle für Lehrerfortbildung Bern, Tanzchuchi, Tanzen in Schule und Freizeit, Zytglogge Verlag, Bern 1981

Video

Br., A4, ca. 160 S., ca. 35.—/39.—, **Mai 92**

Rüdiger Stiebitzs „VideoPossen" zeigen die ungenutzten Möglichkeiten des Mediums Video auf. Die Interaktionen mit dem Monitor machen klar, dass es auch anders geht, ohne Technik, Drehbuch, Filmsprache, Schnitt. Das ganze Prozedere wird ins Vorfeld der Kamera verlegt, wo z. B. Kartontheater gespielt wird und reale Personen mit Fotofiguren reden, als ob sie aus dem gleichen Stoff wären.
Das vorgeschlagene Verfahren erweist sich bei der Arbeit mit Kindern, SchülerInnen und mit Jugendgruppen als besonders vorteilig. Was sich im Gruppenerlebnis zwischen den Schüler-Individuen hochschaukeln kann, alle die überraschenden Lösungen, lässt die Ängste vor der Kamera schnell verfliegen.

Theater

Br., A4, 144 S., vierfarbig, 58.—/64.—

Schminke kann das Wesen eines Menschen nach außen repräsentieren – oder völlig ins Gegenteil verkehren. Es gibt viele Möglichkeiten, Farbe auf den menschlichen Körper aufzutragen, und „Schön-Schminken" ist nur eine davon. Weit vielfältigere Ausdrucksformen bieten Typen-, Charakter- und Alt-Schminken.
Kommt die Arbeit mit plastischen Materialien hinzu, erweitert sich der Anwendungsbereich um Spezial-Effekte wie Narben, Brandwunden und Horrormasken. Die Krönung der Schminkkunst aber ist die Körpermalerei. In oft stundenlanger Arbeit wird ein Modell mit Farbe bekleidet, wird mit Schminke ein Kunstwerk auf den nackten Körper gemalt. Beat Frutigers Werkbuch entstand in seinen Schminkkursen aus dem Bedürfnis, für die KursteilnehmerInnen anschauliche Unterlagen und Lernhilfen zu schaffen. Zahlreiche Studien, Zeichnungen, Kopiervorlagen und Fotos laden zum Nachmachen und Experimentieren ein, detaillierte Arbeitsanleitungen sagen, wie es gemacht wird, und bieten Grundlagen für die Verwirklichung eigener Ideen.

Br., A4, 200 S., 32.—/35.—

Br., A4, 200 S., 32.—/35.—

Br., A4, 152 S., 32.—/35.—

Br., A4, 240 S., 32.—/35.—

Seit einigen Jahren hat sich ein grundlegender Wandel auf dem Bereich des Schultheaters abzuzeichnen begonnen. Theaterspiel wird heute immer mehr als integrierender Teil des Schulalltags empfunden, und dies nicht etwa nur im Deutschunterricht, sondern als fächerübergreifende Möglichkeit spontaner Äusserungen und Aktionen.
In diesem Zusammenhang bilden die vier Bände «Schultheater» eine wertvolle Hilfe, zeigen sie doch die vielfältigen Möglichkeiten auf, wie in einer Klasse Theater gespielt werden kann. Dazu gehören das Spiel mit Masken oder Schatten, mit improvisierten Tücherpuppen oder Stabfiguren, ganz zu schweigen von andern Ausdrucksformen wie Tanz oder Pantomime.
Die vier Bände enthalten Beiträge von vielen erfahrenen Praktikern. Anstelle von Rezepten werden Anregungen, Protokolle und Erfahrungsberichte abgedruckt, wodurch jedem blossen Nachahmen zum vornherein der Riegel geschoben wird.
Alle Beiträge sind sehr anschaulich dargestellt mit Fotos, Zeichnungen, Materialien. Weitere Vorzüge: gute Verbindung zwischen Praxis und methodisch-didaktischen Erläuterungen; gut lesbar; aufgelockertes, zum Blättern und Lesen anregendes Layout. *Westermann Pädagogische Beiträge*

Jeder Lehrer und Erzieher wird gerne danach greifen und sich hoffentlich von dem in manchen Beispielen verwendeten Schweizer Dialekt nicht abhalten lassen. Eine reiche Fundgrube von Einfällen und praktischen Anleitungen, ergänzt durch großzügige Fotos von praktischen Schultheatern. Auch Heime und Internatsschulen sollten mit Begeisterung danach greifen. *Basis*

Bd. 1. Br., A4, 160 S., 32.—/35.—
Bd. 2. Br., A4, 160 S., 35.—/39.—

Auf rund hundert Seiten bringt das originell gestaltete Werkbuch praktisch erprobte Anleitungen für Einstiegsspiele (Einführungsspiele zu den Jeux Dramatiques) und rund zwanzig protokollarisch geschilderte Ausdrucksspiele mit und ohne Textvorlagen oder zu bestimmten Musikstücken oder Klangbildern, denen im Anhang eine ausführliche Liste weiterer geeigneter Spieltexte und Musikvorlagen beigegeben ist. Der mit Szenenfotos reich illustrierte Band ist zur Zeit wohl die beste Einführung in die Technik der Jeux Dramatiques.
Veit Zust, SLZ

Band 2 befasst sich mit der Spielpraxis in Kindergarten, Spielgruppen, Schule und Freizeit. Es ergänzt das erste Buch für Ausdrucksspiel aus dem Erleben und richtet sich an alle Lehrkräfte, ErzieherInnen und Eltern, die mit jungen Menschen im Alter von fünf bis zwölf Jahren arbeiten.
Im ersten Teil des Buches sind Grundprinzipien und Aufbaustrukturen so dargestellt, dass sie für alle Altersstufen angewendet und auf alle Spielarten übertragen werden können.
In einem weiteren Teil geben Protokolle Einblick in die Spielstunden von Jeux-LeiterInnen. Sie ermutigen die LeserInnen, die Spiele in eigene Gruppe zu bringen und eigene Ideen zu verwirklichen. Arbeitsblätter geben Hilfe für die Vorbereitung und Durchführung verschiedener Spielformen. Spielideen und methodische Tips ergänzen diesen praktischen Teil.
Fotos von Ursula Markus zeigen, wie tief und vielfältig das Erleben der Kinder im Ausdrucksspiel sein kann.

Tanz

Br., A4, ca. 160 S., mit Begleit-CD, 54.—/59.—, **April 92**

Das neueste Zytglogge Tanzwerkbuch mit CD bietet eine Fülle von Anregungen, die für jegliche Art von Bewegungsunterricht, vom Turnsport bis zum modernen Ausdruckstanz geeignet sind. Verschiedene Einzel-, Partner- und Gruppenaufgaben bieten für Kinder ab 10 Jahren, Jugendliche und Erwachsene Anregungen zur spielerischen Improvisation und Bewegungsgestaltung.
Die 20 Musikstücke auf der integrierten CD wurden eigens für dieses Buch vom Studio Klangraum in Mainz komponiert und produziert. Klar strukturiert und poppig arrangiert schlüsselt die Musik einfachste musikalische Gestaltungselemente, wie hart-weich, Pausen, Echo, Taktwechsel usw., auf.
Die klare Beschreibung der Aufgaben verspricht eine unkomplizierte Handhabung im Bewegungsunterricht.

Br., A4, 122 S., 32.—/35.—

Wer dieses Buch durchblättert, spürt sofort, dass es aus einer reichen praktischen Erfahrung entstanden sein muss.
Der erste Teil des Buches gibt viele Anregungen für die Körper- und Bewegungsschulung. Trotz des systematischen Aufbaus handelt es sich nicht um eine fertige Technik; im Gegenteil: hier wird der Körper mit Hilfe von Bewegungsaufgaben auf eine spielerische Art geschult und geformt.
Der zweite Teil zeigt Möglichkeiten auf, wie eine Lektion gestaltet werden kann. Dabei fällt das Wechselspiel zwischen Improvisation und Gestaltung besonders auf. Es geht um das Suchen neuer und eigener Bewegungsmöglichkeiten, aber auch um das Erarbeiten fester Formen.
Im dritten Teil finden wir Lektionsbeispiele und -protokolle für die Praxis. Anstatt abzugrenzen und einzuschränken, wie dies auf dem Gebiet des Tanzes leider allzu oft geschieht, sprengt dieses Werkbuch in vielen Hinsichten den Rahmen, und trotz der Vielseitigkeit hat das Buch einen klaren Aufbau.
Schliesslich sind es die vielen guten Fotos und Skizzen, welche einen selbst zum Ausprobieren von Madeleine Mahlers Ideen veranlassen können.

*Verena Egger,
Sporterziehung in der Schule*

Br., A4, 128 S., 32.—/35.—

Das Buch zeigt dem Pädagogen oder Gruppenleiter Wege und Möglichkeiten, wie mit Tanz aus eigenem Erleben Bewegungsfreude entstehen kann, aber es ist nicht ausschliesslich eine Ideen- und Stoffsammlung. In Vor- und Zwischentexten werden Erfahrungen und Hintergründe der Autorin vermittelt. Darin beschreibt sie ihren Lektionsaufbau und wie sie mit einem Musikstück umgeht. Dazu kommt eine Sammlung von Impromustern, die als Anregung und Halt dienen, um in freies Bewegen zu kommen.
Den Hauptteil des Buches nehmen die Beschreibungen von Tänzen ein, die vier Themen («Gefangensein und Freiheit», «Der Schatten wird lebendig», «Alles ist in mir», «Miteinander») zugeordnet sind. Da ist das Vorgehen der Autorin ausführlich beschrieben, die Einstimmung und die passenden Improvisationen aufgeführt, die Songs werden nach Pulsschlägen ausgezählt und dazu der Tanzablauf notiert. In diesem Sinne ist es ein anregendes Werkbuch, welches den Weg zu eigenen Gestaltungen weisen kann. *R. Weber, SLZ*

Br., A4, 208 S., 35.—/39.—,
Begleit-CD, ZYT 4233, 29.—, MC, ZYT C 233

Einer kurzen Einführung in die Grundlagen des kreativen Tanzes, der Bewegung und Gestaltung wird in einer übersichtlichen Terminologie über 60 Tanzbeschreibungen angefügt. Einheimische Tanzformen schlagen die Brücke zwischen Volkstänzen aus aller Welt und modernen Popformen. Im ausführlichen methodischen Teil sind wertvolle und in der Praxis erprobte Hinweise für die gruppenweise Erarbeitung der dargestellten Bewegungsformen enthalten. Literaturhinweise und eine Übersichtstabelle erleichtern den Zugang zur Materie und dürften dem engagierten Tanzleiter bald erfreuliche Erfolge bescheren. Die CD/MC «Tanzchuchi» (zyt 233) hält mit 15 Beispielen vom Alewander über Hava Nagila bis zum Samba Mixer Rhythmen und Klang fest. *Kolorit*

Autoren: Martin Wey, Ernst Weber, Madeleine Mahler, Regula Leupold, Mario Neukomm.

Werkstatt

WASSER WERKSTATT
Sandra Beriger — Zytglogge Werkbuch

Br., A4, 192 S., ca. 39.—/43.—, **April 92**

Wasser ist – seit jeher – von grosser Anziehungskraft für Kinder, und Werkstatt-Unterricht ist eine Form von Lehren und Lernen, die dem Wasser nichts von seiner Attraktivität nimmt. Sandra Beriger hat weit über 100 konkrete Aufgaben zum Thema Wasser zusammengestellt, die es mit eigenen Ideen und Experimenten zu lösen gilt. Wie lässt sich z.B. Salzwasser reinigen? Und warum schwimmt ein Schiff? Woher kommt unser Wasser, wieviel Wasser brauchen wir pro Tag? Wie lange reicht Menschen in Afrika unser Tagesbedarf an Wasser zum Leben? Wie funktioniert der Wasserkreislauf? usw.
Die Aufgabenblätter sind reich illustriert, unabhängig voneinander verwendbar, fertig zum Einsatz in der Schule – oder auch frei zur eigenen Überarbeitung.

Werkstatt-UNTERRICHT 1.1
Didaktisches und Praktisches
KATHI ZURCHER
Zytglogge Werkbuch

Werkstatt-UNTERRICHT 1.1
Übungsaufgaben Kartenspiele
KATHI ZURCHER
Zytglogge Werkbuch

Bd. 1, Br., A4, 152 S., 32.—/35.—
Bd. 2, Br., A4, mit 60 Ausschn.-Bogen, 38.—/42.—

Das *Arbeitsbuch* bietet im ersten Teil «Didaktisches» – Ausführungen über Bedingungen und Ziele, Planung, Vorbereitung und Durchführung des Werkstatt-Unterrichts – und im zweiten Teil «Praktisches» – eine Einmaleins-Werkstatt mit allem Drumunddran. In der *Zusatzmappe* finden sich «Übungsaufgaben und Kartenspiele» zu eben dieser Fertigkeitswerkstatt, die den künftigen WerkstattlehrerInnen den Einstieg in den Werkstatt-Unterricht erleichtern. Aufmachung und Gestaltung der Zytglogge-Werkbücher stimmen im Falle der beiden Bände über den Werkstatt-Unterricht mit dem Anliegen der Autorin und dem Inhalt der beiden Bände so genau überein, dass ihre Veröffentlichung ganz einfach als Glücksfall zu bezeichnen ist.
Johannes Gruntz-Stoll

Didaktik

Gertrud Meyer — Schuelmümpfeli 1
Praktisches für Lehrer/innen, Kindergärtnerinnen und Eltern
Ein Zytglogge Werkbuch

Br., A4, 152 S., 32.—/35.—

Ein ungemein anregendes Buch einer Lehrerin. Es bietet keine fertigen Lektionen, sondern Ideen, Anregungen, Hinweise, einfache praktische Hilfen.

Gertrud Meyer — Schuelmümpfeli 3
Handfestes für Lehrende und Lernende
Zytglogge Werkbuch

Br., A4, 152 S., 32.—/35.—

Gertrud Meyer — Schuelmümpfeli 2
Lehrer und Eltern, Partner des Kindes
Ein Zytglogge Werkbuch

Br., A4, 152 S., 32.—/35.—

Das Buch ist nicht nur für Lehrerinnen und Lehrer geschrieben. Gertrud Meyer möchte erreichen, dass sich Eltern und Schulpfleger mit dieser Form der Zusammenarbeit auseinandersetzen. Deshalb wird auch das schwierige Thema der Hausaufgaben aufgearbeitet. Und schliesslich gibt die Autorin weitere «Mümpfeli» ihrer grossen Erfahrung weiter, und zwar in den Bereichen Lesen, Mathematik, Gespräche. Ein faszinierendes Buch und eine grosse Hilfe für alle: anregend, begeisternd und optimistisch. Diese «Schuelmümpfeli» sind wie ein Geschenk.
Walter Weibel
Schweizer Schule

Gertrud Meyer gehen die Ideen nicht aus. Ihre Kreativität, ihr Sinn für das Praktische, ihre Fähigkeit, Kompliziertes zu vereinfachen und in eine machbare Form zu bringen, lassen immer wieder ein «Handfestes» entstehen, das sie ergänzt durch viele Ideen, denen sie im Rahmen ihrer Ausbildungstätigkeit begegnet.
Kurt Meiers
Grundschule

Hans Rothweiler — Warum ist der Himmel blau?
Erleben, Entdecken, Forschen im individualisierenden Unterricht in der Volksschule. Realien, Projekte, Zusammenarbeit.
Ein Zytglogge Werkbuch.

Br., A4, 208 S., 32.—/35.—

Der Titel steht stellvertretend für ein didaktisches Prinzip: den Schüler ernst nehmen, ihm «fächerübergreifende» Fragen stellen und ihn mit Kameraden und dem Lehrer zusammen Antworten erarbeiten lassen.
Wichtigste Themenkreise sind: Begegnung und Vertrauen, Selbständigkeit fördern, Umgang mit Freiheit – also Umgang des Schülers mit sich selbst und mit andern; dann «Umgang» und Erfahrung mit der Welt (Ermutigung zur eigenen Sicht, zu Vergleichen, zum Entdecken und Forschen). Festgehalten wird auch die Erfahrungen und Probleme des Lehrers mit dieser «modernen» (längst schon propagierten und erprobten) Unterrichtsweise. Der Versuch sollte nicht einmaliger Versuch bleiben; er hat gezeigt, dass ein solch individualisierender Unterricht nicht nur möglich, sondern auch fruchtbar und im besten Sinne bildend, d. h. die Persönlichkeit fördernd ist; nicht zu unterschätzende «Nebenwirkung»: Auch die Lehrer werden zu neuem Verhalten ermutigt und pflegen kollegialere Zusammenarbeit. *Lehrerzeitung*

Experimente

Gerd Oberdorfer — Das springende Ei
und andere Experimente für die fünf Sinne
Zytglogge Werkbuch

Br., A4, 160 S., 35.—/39.—

Forschen und Experimentieren gehören zu den Wesensmerkmalen jedes Menschen. Natürliche Neugier ist die Grundlage des Lernens überhaupt. Dieses Buch enthält 125 spannende und unterhaltende Experimente aus den Bereichen Mechanik, Akustik, Optik, Magnetismus, Elektrizität, Biologie, Chemie, Feuer, Wasser, Luft. Von Schülern und Erwachsenen mehrfach ausprobiert, wird Lernspass und Erfolg garantiert.
Der umfassende Praxisteil wird durch neueste Erkenntnisse der Pädagogik begründet.
Das Buch steht in der Tradition von Comenius und führt über den Phänomena- und Experimenta-Gedanken zur Umsetzung in den modernen (Schul-)Alltag.
„Lernen durch die Sinne" und „learning by doing" sind Grundideen zu diesem Buch. Angesprochen sind neugierige Kinder und Erwachsene jeden Alters. Der Schwierigkeitsgrad ist überall angegeben – einige Experimente brauchen viel Vorarbeit und spezielles Material, bei anderen kann gleich mit dem Probieren begonnen werden.

Bauen

Martin Kesselring — Saiteninstrumente selbst gebaut 1
VOM MONOCHORD ZUM HACKBRETT
Zytglogge Werkbuch

Br., A4, 160 S., mit 8 Plänen, 39.—/43.—

Wer verstehen will, was er tut, findet physikalische und technische Erläuterungen zu grundsätzlichen Fragen. Was sich bewährt hat, wird empfohlen. Aber das beste scheinen mir die zahlreichen Hinweise, dass man es auch anders machen kann, mit anderen Materialien, anderen Werkverfahren, anderen Formen der Instrumentenkörper oder der Schallöcher, mit anderen Stimmungen. Beispiele für die Formulierung von Aufgaben im Werkunterricht machen deutlich, wie weit neben der Vermittlung vorgegebener Kenntnisse und Fertigkeiten kreatives Problemlösen möglich ist. So ist Kesselring mit der Schwierigkeit fertig geworden, weder für die einen zu pauschal noch für die anderen zu eng und rezepthaft zu schreiben.
Christof Kautsch in «Üben & Musizieren Aktuell»

Inhalt Band 1:
Musiktheoretische Grundlagen über Dreiklänge; Griffbretter und Saiten; Werkstoffe und Werkzeuge; Verfahren und Tips; Pro-

Martin Kesselring — Saiteninstrumente selbst gebaut 2
VOM SCHEITHOLT ZUR GITARRE
Zytglogge Werkbuch

Br., A4, 192 S., mit 16 Plänen, 45.—/49.—

blemstellungen und Improvisationen am Beispiel einfacher Zupfinstrumente (Kleiderbügelharfe, Psalter, Türharfe); Bauanleitungen und -pläne zu Monochord, Dulcimer, Doppeldulcimer, acht-, sechzehn- und vierundzwanzigchörigem Saitentamburin sowie Hackbrett.

Inhalt Band 2:
Theoretische Grundlagen: Stimmungen wichtiger Saiteninstrumente / Proportionen und Intervalle / Werkzeuge / Schablonen, Bohrlehren und Bauformen / Verfahren
Beispiele zum Instrumentenbau: Wissenswertes über und Bauanleitungen zu: Scheitholt (Hexaschit) – Konzertzither – Akkordzither – Violinzither – Klein-Hackbrett usw. / Griffbrettinstrumente: Banjo – Halszither – Gitarre usw.
Reparaturen und Restaurationen, Anhang: Literaturverzeichnis / Schallplattenverzeichnis / Adressen von Saiteninstrumentenbauern / Materialbezugsquellen

Musik

SCHULMUSIK KONKRET 1
singe lose spile
Zytglogge Werkbuch

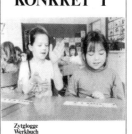

Br., A4, 212 S., 38.—/42.—

Die Projektgruppe Musik der Bernischen Lehrerfortbildung besteht aus Lehrkräften und MusiklehrerInnen aller Schulstufen, die einerseits stets neue Wege suchen, aber andererseits auch das Bewährte seinen Platz schaffen.
Die beiden Bände bieten vielseitige Anregungen, Informationen und Hilfen aus der Praxis. Man darf das Fach Singen/Musik nicht auf die „Schulung der auditiven Wahrnehmung" reduzieren, LehrerInnen und SchülerInnen sollten nicht nur als Disc-Jockeys agieren, sagen die Verfasser. In erster Linie soll vielseitig und praktisch musiziert werden. Musik wird durch Singen, Spielen, Bewegen, Improvisieren in und mit einem breiten Musiziergut erlebt, welches sowohl aus der historischen wie auch aus der aktuellen Musikwirklichkeit stammt.
Mit der Veröffentlichung von „Schulmusik konkret" (einer vollständigen Neuerarbeitung von „singe lose spile") werden interne Kursunterlagen einem weiteren Publikum zugänglich gemacht. Basierend auf dem

SCHULMUSIK KONKRET 2
singe lose spile
Zytglogge Werkbuch

Br., A4, 232 S., 38.—/42.—

aktuellen Lehrplan haben die Verfasser Erprobtes zum vielfältigen Themenkreis der Schulmusik als Praxishilfen für das 1. bis zum 9. Schuljahr zusammengetragen:
a) Übungsmöglichkeiten und -formen,
b) druckfertige Arbeitsblätter,
c) planmässig aufgebaute Lehrgänge,
d) Grundlagen und methodische Möglichkeiten.

Aus dem Inhalt:
Band 1: *Grundlagen und praktisches Musizieren:* Stimmpflege, Singen, Instrumentales Musizieren, Bewegen, Populäre Musik. *Musikkunde:* Instrumentenkunde, Werkbetrachtung, Funktionen und Wirkungen der Musik.
Band 2: *Musiklehre:* Hörerziehung, Rhythmische und melodische Schulung.
Unterrichtsplanung: Grundlagen, Voraussetzungen, Umsetzung, Planungshilfe (Lehrplan).
Besondere Unterrichtsformen: Mehrklassenschulen, Fächerverbindende Projekte. Werkstatt-Unterricht, Fakultativer/zusätzlicher Unterricht.

Werken

Br., A4, 160 S., 35.—/39.—

Jahrzehntelang dominierte das Prinzip «Vormachen – Nachmachen» den Handarbeits- und Werkunterricht. Der neue Lehrplan setzt andere Akzente: Schülerinnen und Schüler werden vor eine Aufgabe gestellt. Die fertige Lösung liegt nicht vor. Dafür werden eigene Ideen, die der Bewältigung der Aufgabe dienen, entwickelt. Zur gedanklichen Auseinandersetzung gehören die Wahl des geeigneten Materials, der benötigten Werkzeuge und das Festlegen des Arbeitsweges. Natürlich soll auch das Handwerk erlernt werden. Die vorgesehene Lösung soll nicht nur wirtschaftlich und ökologisch sinnvoll, sondern auch konstruktiv richtig sein, ästhetischen Bedürfnissen genügen und, wo möglich, einen Beitrag zur Überwindung überlieferter, geschlechtsspezifischer Rollenverteilungen leisten.
Aus dem Inhalt
1. Klasse: Drahtgitterbild/Rhythmusinstrument
2. Klasse: Hampelfigur/Hut
3. Klasse: Windfahne/Verpackung
4. Klasse: Wasserrad/Hausschuh
5. Klasse: Topfhandschuh/Landschaftsrelief/Schiffsbau/Etui für Schulmaterial
6. Klasse: Frisbee/Hocker/Bilderrahmen/Flugzeugbau
7. Klasse: Kopfbedeckung/Gürtel/Nutzfahrzeug/Fotoständer
8. Klasse: Grillset/Hose aus Tricot/Sacknadel/Schmuck
9. Klasse: Lampe/Elektrischer Schalter/Keramik giessen/T-Shirt
SLZ

Br., A4, 176 S., 35.—/39.—

Hut ab vor dieser 2. Dokumentation zum Thema Handarbeiten/Werken.
Der textile Teil befasst sich mit verschiedenen Arten der Kopfbedeckung, der nichttextile Bereich mit dem Licht als optische Erscheinung. Der heute immer dringendere Erfordernisse nach einer Gesamtschau ökologischer Zusammenhänge, nach vernetztem Denken und nach ganzheitlicher Betrachtungsweise nimmt sich das Buch in vorbildlicher Art und Weise an: Da werden geschichtliche Entwicklungen aufgedeckt, heimatkundliche Bezüge hergestellt, industrielle Produktionen dargestellt, physikalische Phänomene erklärt. Kurz, mit aller Deutlichkeit erhalten die Leserinnen und Leser dieses Buches eine Vorstellung, wie faszinierend die Beschäftigung mit Handarbeiten/Werken mit seinen Problemstellungen und Querbezügen sein kann, sofern, und das ist zentral, der Leser und die Leserin zu Tätern werden. Denn es gilt, eine neue Generation von Kindern heranzubilden, die in der Lage sein wird, aus eigener Verantwortung, durch eigenes Denken und Tun und in Zusammenarbeit mit andern eine ständig wachsende Zahl von Problemen, mit denen uns der Fortschritt «beschenkt», zu befriedigenden Lösungen zu führen.
H. R. Lanker

Br., A4, 128 S., 32.—/35.—

Die Drachen in diesem Buch landen in der Türkei, in Vietnam, in Palau und Santa Cruz, in Guatemala und der Dominikanischen Republik und zuletzt im Engadin. Ruedi Epple erzählt von kurdischen Flüchtlingen, die in der Schweiz um Asyl nachsuchen, vom kriegszerstörten Vietnam und von Strassenkindern in Lateinamerika. Er beschreibt die Lebensbedingungen der Bevölkerung und den Zusammenhang zwischen ihrer Armut und unserem Reichtum. So wird der Drachen zum roten Faden, zum Transportmittel, das unsere Gedanken weiter führt, als die Drachenschnur reicht.
Die „Drachenreise" ist ein Lesebuch, ein Sach- und Bastelbuch mit Geschichten und Liedern, mit Beschreibungen, Informationen und Bauanleitungen. Es ist ein Buch für Schüler und Lehrer, für Schülerinnen und Lehrerinnen. Und für alle, denen die Welt nicht egal ist.
Schulblatt AG+SO

Malen

Br., A4, 168 S., 32.—/35.—

Was in dem Buch beschrieben wird, ist faszinierend, motivierend und verlockend zugleich.
Der Leser wird gehalten, das Malen und die Malergebnisse als Prozess zu akzeptieren und nicht deutend oder unter entwicklungspsychologischen Gesichtspunkten einordnend zu betrachten. Der Praktiker erhält viele gute Anregungen, wird aber auch hingewiesen auf die Schwierigkeiten, die bei der Einrichtung eines Malraumes auftreten können.
Der logische Aufbau, die eindrücklichen Texte, die gut verständliche Sprache sind von einer Autorin, die aus langjähriger praktischer Erfahrung genau weiss, worüber sie spricht, was sie dem Leser vermitteln will.
Bettina Egger-Honegger hat als Grafikerin unter anderem eine zusätzliche Ausbildung für Malateilerleiter bei Arno Stern erfahren. Seit 1965 leitet sie ein eigenes Malatelier.

Br., A4, 136 S., 32.—/35.—

Malen als Lernhilfe ist der zweite Band über Fragen des Malens und bildnerischen Ausdrucks von Bettina Egger.
Die Autorin gibt eine Fülle von Anregungen und Anleitungen für leicht ausführbare Techniken des bildnerischen Gestaltens mit verschiedensten Materialien zur Arbeit mit Kindern der Vorschul-, Kindergarten- und Primarschulunterstufe, besonders aber auch für die Arbeit mit geistig und körperlich behinderten Kindern.
Wiederum ein faszinierendes Buch, das nicht nur Erziehern, sondern ebenso Eltern empfohlen werden kann und eine eigentliche Pädagogik des Malens darstellt.
Empfohlene Bücher

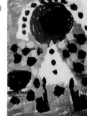

Br., A4, 168 S., 32.—/35.—

Wer sich vor Kinderzeichnungen immer ein bisschen ratlos-geniert fühlt, weil diese Kritzeleien doch eigentlich gar nichts darstellen, nehme zwecks gegenteiliger Information Bettina Eggers Buch «Bilder verstehen» zur Hand.
Da wird nichts verkompliziert, sondern in allgemein verständlichen Sätzen Grundlegendes für den Kontakt mit malenden Kindern oder Erwachsenen vermittelt.
Bettina Egger zeigt diese Urformen an Bildbeispielen von zeitgenössischen Künstlern, anhand der figurativen Phasen von Kindern und in Ausdrucksbildern von Erwachsenen auf. Daraus ergibt sich ein lebendig illustriertes und eindrucksvolles Panorama, für viele gewiss auch eine neue Art von Betrachtung.
Zürichsee-Zeitung

Basteln

Br., A4, 128 S., vierfarbig, 35.—/39.—

Ein grossformatiges, bunt illustriertes Buch, mit Hunderten der schönsten Arbeiten aus Astholz, damit die ganze Familie nach den leicht verständlichen Anleitungen kleben, sägen, nageln, ausschneiden usw. kann.
Eltern, Lehrer und Kinder werden begeistert sein, mit diesem ‹Leitfaden› Geduldsspiele, ein Wetterhäuschen, ein Puppenhaus aus einer Schachtel oder ein Segelfloss aus Korkzapfen zu basteln. Oder hat jemand Lust auf ein sich lustig drehendes ‹Rösslispiel›, einen Bauernhof mit vielen Tieren aus Astholz, eine Vogelpfeife, bunte Sommervögel oder ein Osterbäumchen? Das sind nur einige wenige Beispiele aus der Fülle von Bastelvorschlägen rund ums Jahr, damit nie wieder Langeweile aufkommen kann.
L. H., Coop-Zeitung

Br., A4, 152 S., 32.—/35.—

Ein dickes Ideenbündel kam zusammen, das inzwischen im Unterricht erprobt und ergänzt wurde und in diesem Buch zusammengefaßt allen, die in Kindergarten, Schule und zu Hause mit Kindern zu tun haben, Lust machen wird, Ähnliches zu versuchen.
Reichlich Fotos, großzügige Zeichnungen, wenig Text – ein kreatives Werkbuch und benutzerfreundlich obendrein. Die konkreten Themen, um nur einige Stichworte zu nennen: Spukkabinett, Tastkasten, Bäckerfreuden, Lieblingsessen, Marionetten aus Schwemmholz, Hexenhäuser und Fahrzeuge aus Kartons, Pappmaschee-Hüte, WC-Rollen-Happening, Laternen, Masken, Irrgärten, Krachmaschinen usw.
Spielen und Lernen

Zeichnen

Br., A4, 168 S., 32.—/35.—

Es geht nicht nur um Impulse für den Zeichenunterricht. Probleme werden projektartig von verschiedenen Seiten angepackt. So findet man etwa zum «Schuh» geschichtliche Informationen. Ideen für Spiele, Theater, Tanz, für die Sprache und das Werken, Beispiele als Anregung zur Kunstbetrachtung usw. Durch die Lektüre wird man nicht gegängelt zum Kopieren, vielmehr bekommt man Mut und Gluscht, Neues und auch Unkonventionelles zu wagen. Dem Praktiker wird der Gebrauch des Buches durch Signete erleichtert, die die Stufenbezogenheit der Themen bezeichnen. Im Anhang sind übersichtlich technische Angaben für besondere Arbeitsvorgänge zusammengestellt. Beispiele von Arbeitsreihen und ein Literaturverzeichnis runden das sympathische, einfach aufgemachte Werk ab.
fre SLZ

Br., A4, 156 S., 32.—/35.—

Die handschriftlichen Texte, die aus dem Moment hingeworfenen Skizzen und die fotokopierten Schülerarbeiten sind so viele Anregungen zum Thema Menschenzeichnen, wie Menschen eben in ihrer Einzigartigkeit sind! Interessierte Lehrer, Spielgruppenleiter etc. finden darin eine Fülle von Ideen, die von erster spielerischer Erfahrung über Arbeitsbeispiele bis zu zeichnerischer und plastischer Gestaltung der menschlichen Figuren, Bewegungen, Gesichter, Hände und Füsse usw.
Neue Kinder- & Jugendbücher

Das Werkbuch „Mit Herz und Hand" befasst sich mit Menschen in Gruppen, im Spiel, in der Selbstdarstellung, in Textillustrationen sowie Magischem mit und um Menschen.

Br., A4, 152 S., 32.—/35.—

Zuerst werden Einstiegsmöglichkeiten zum Thema dargestellt: Bildbetrachtungen, Spielformen, spielerische Einstiege. Alles Möglichkeiten, die sich auch in andern Fächern bewähren können, kurz: überall dort, wo sich Menschen mit dem Thema «Mensch in der Gruppe» befassen.
Es folgen Arbeitsvorschläge: Schattenrisse, Arbeiten mit Ton, Linolschnitt, Maskenbau, Puppenbau, Schattenspielfiguren-Spielaktionen an Schulanlässen, in den Pausen usw.
Den AutorInnen, alles Mitglieder der Projektgruppe Zeichnen der Zentralstelle für Lehrerfortbildung Bern, ist mit diesem Buch gelungen, eine Unterrichtshilfe herzustellen, die von der ersten bis zur neunten Klasse gebraucht werden kann.
S. Gfeller-Münger

Werkbücher

Geschichte

Leckere Schulhappen
So hätte ich auch gerne gelernt

«Wollt ihr also die Intelligenz eures Schülers fördern, so fördert die Kräfte, die sie beherrschen soll. Übt ständig seinen Körper, macht ihn stark und gesund, um ihn weise und vernünftig zu machen. Lasst ihn arbeiten, sich betätigen, laufen, schreien und immer bewegen.» Jean-Jacques Rousseau: «Emile oder Über die Erziehung».
Wie solches Arbeiten mit dem ganzen Körper, mit allen Sinnen aussehen kann, zeigen die Werkbücher des Zytglogge Verlages alle: Es ist eine grosse Lust, in den Büchern herumzustöbern, sei es, um hineinzuschnuppern, um Ideen für den Unterricht der nächsten Zeit zu finden, um zu erfahren, was bisher im Unterricht sträflich vernachlässigt wurde, etc.
Ins Auge fällt die grosszügige Gestaltung der Bücher. Das Format 21 × 30 cm lässt Platz für viele Fotos, grossen Schriftdruck, Luft auf den Seiten, viele handgeschriebene Notizen und Anleitungen. Mit Papier wurde nicht am falschen Ort gespart. Die einzelnen Bände sind unterschiedlich gestaltet, keiner ist vergleichbar in seinem Layout mit den anderen. Aber allen scheint die Liebe zu dem Inhalt, zu den Kindern und Erwachsenen unsichtbar zwischen die Zeilen geschrieben zu sein. Die Produkte sind dem Verlag offensichtlich nicht gleichgültig. In ihnen finde ich noch etwas von der Freude und dem Spass wieder, die Lehren und Lernen auch bedeuten können.
Eselsohr

Br., A4, 128 S., 32.—/35.—

Band 1: Auf dem Lande
War für uns der Geschichtsunterricht eher eine trockene Aneinanderreihung von Fakten, so bemühte sich hier ein Team von Historikern, Lehrern und Praktikern, für Lehrer und Schüler eine didaktisch aufgebaute, vernetzte Lern- und Lehrhilfe zu schaffen. Anhand von vier Lebensbildern wird die mittelalterliche Welt dargestellt: Vom Urwald zum Kulturland. Der Bauer und seine Arbeit. Der Ritter, seine Funktionen, seine Rechte. Das Kloster, die Nonnen und Mönche und ihr Alltag. Diese «Leitbilder» werden nicht einäugig präsentiert, sondern vor allem in der Gesamtheit, in den Wechselwirkungen und Abhängigkeiten aller untereinander gezeigt.

Br., A4, 128 S., 32.—/35.—

Band 2: In der Stadt
Wie «Auf dem Land» ist auch Band 2 aufgebaut: Städtegründungen im Mittelalter am Beispiel Berns. Die Entwicklung zum Gemeinwesen. Wohnen und Leben, Rechte und Freiheiten, Pflichten, innere Bedrohungen (z. B. Feuersbrünste). Die Bedeutung und Funktion der Handwerker und Zünfte. Die Märkte, Handel und Fernhandel. Das Geld, Abgaben und Zölle im alten Bern.
Die zwei Arbeitsbücher sind nicht einfach Geschichtslesebücher, sondern Grundlage. Die vielen Frage- und Arbeitsblätter laden zum aktiven Mitdenken ein.
Die Autoren: Rudolf Hadorn, Jürg Minnier und Beat Salzmann von der Zentralstelle für Lehrerfortbildung des Kantons Bern.
PTT-Union

Br., A4, 168 S., 32.—/35.—

Die Autoren bleiben ihrem bisherigen Konzept treu: alltägliches Leben der damaligen Bevölkerung ist mindestens so wichtig wie die Berücksichtigung grosser Persönlichkeiten oder wichtiger Ereignisse. Sie verwirklichen dies auf beeindruckende Art und Weise auch in ihrem jüngsten Arbeitsbuch, dessen Kapitel hier angeführt seien:
Handel und Verkehr
Handelsräume und Handelswaren
Verkehrsverhältnisse im Mittelalter
Der Gotthard: Vom Saumpfad zur Alpentransversale
Gewalt und Recht
Immer wieder Krieg
Verträge und Bündnisse
Vermittlung und Schiedsgericht
Die Bedeutsamkeit dieses Geschichtswerkes scheint mir darin zu liegen, dass es der Lehrkraft mühsame, ja oft unmögliche Vorbereitungsarbeiten abnimmt. Das vorliegende Quellen- und vor allem Bildmaterial ist äusserst reichhaltig und gibt dem/der Unterrichtenden die Möglichkeit, die seinen Schülern und ihm selber entsprechenden Teile zu verwenden.
BS/EB

Elemente

Werkschachtel, 23 × 23 × 6 cm, mit 150 Arbeitsblättern, 45.—/49.—

Retour à la nature – zurück zur Grundsätzlichem menschlichen Daseins, Besinnung auf das Elementare, Einfache und eben deshalb Faszinierende. Wie könnte es anders sein, als dass es die Projektgruppe Zeichnen der bernischen Lehrerfortbildung ist, die sich, sich in ihrem Element fühlend, der Elemente annimmt. Gehen Sie in dieser und mit dieser Elemente-Schachtel auf den Grund, und Sie werden sich lesend, blätternd, vertiefend, experimentierend, staunend den Elementen, den Grundstoffen, der Natur nähern und damit die Achtung davor zurückgewinnen.
H. R. Lanker

Die vier Elemente Wasser, Feuer, Erde, Luft stecken in der Elementeschachtel drin, lebendig und verspielt, auf losen Blättern, bedruckt und illustriert mit Gedichten, Liedern, Sprichwörtern, Zeichnungen und unerschöpflich vielen Arbeitsanleitungen für einen kreativen, sinnlichen Unterricht. Ideal für alle, die sich für den Umgang mit natürlichen Materialien interessieren, ideal auch für den fächerübergreifenden Schulunterricht.

EDV

Br., A4, 136 S., mit Brettspiel, 32.—/35.—

Endlich habe ich es gefunden: Ein Computerbuch, das weder die Maschine vermenschlicht, noch mit dem Fachjargon der Informatik zu einem Fremdsprachenlexikon ohne Übersetzung wird.
Mein höchstes Lob gilt für die beiden Autoren Daniel und Lilian Perrin. Mit ihrem Buch *Computer mal menschlich* haben die beiden etwas offensichtlich sehr Schweres geschafft: Eine moderne Technik anschaulich, übersichtlich und so objektiv wie möglich beschreiben.
Wenn schon das wirklich kurze Vorwort Mut macht weiterzulesen, ist das erste Kapitel geradezu ein Augenöffner. Der Titel sagt es ja auch: «Augen auf! Computer in und um uns.» Anhand eines ganz alltäglichen Beispiels wird verdeutlicht, wie wir auch ohne Computer Tätigkeiten des täglichen Lebens analysieren und in Schrittfolgen zerlegen, unser Programm quasi im Kopf schreiben und anschliessend ausführen. Es werden dann Computer genannt, die jeder von uns fast täglich benutzt, ohne gleich in ehrfürchtiges Staunen zu geraten.
Weiter geht es mit verständlichen Erklärungen zum Innenleben eines Rechners, über Programmiersprachen bis hin zu Problemen des Datenschutzes. Nachdem ich das Buch weggelegt hatte und darüber nachdachte, was eventuell zu kritisieren wäre, konnte ich mit Genugtuung feststellen: NICHTS!
Ingo Hoffmann
Bulletin Jugend und Literatur

Energie

Br., A4, 148 S., 32.—/35.—

Zusammen mit dem Graphiker Dani Lienhard, der wissenschaftlich-technische Materie mit ungewöhnlich verfremdeten alten Lithographien und neuen schematischen Darstellungen anregend gestaltet, setzt sich der Autor für die Erforschung der Energiespender wie Sonne, Wind, Wasser und Biogas ein. Eine technisch anspruchsvolle Materie wird Lehrern und Schülern sehr klar und optisch originell präsentiert. Jedem wird beim Lesen die Notwendigkeit einer Neuorientierung beim Wirtschaftlichkeitsdenken bewusst. Anschaulich werden Experimente zu den einzelnen Energiequellen erklärt. Die Lektionen der hohen Technologie können gut von interessierten, engagierten Jugendlichen begriffen werden. Der Anhang bietet Begriffserklärungen, Kontaktadressen sowie Bezugsquellen für Materialien und Medien. Kein leichter Brocken, aber wichtig.
krs
Basler Zeitung

Märchen & Mythen

Br., A4, 136 S., 32.—/35.—

Das vorliegende Werkbuch ist eine gelungene Arbeit über den Stellenwert des Märchens im Leben des Kindes, verfasst in einer erzählenden, flüssigen Sprache, die uns – wie die Märchen selbst – schnell in ihren Bann zieht. Man kann das Buch wie einen Zaubertrank Schluck für Schluck zu sich nehmen und wird das Glas kaum zwischendurch abstellen. Dabei ist der Inhalt klar und einfach strukturiert. Der Band kann allen, die mit Kindern zu tun haben, bestens empfohlen werden.
Peter Meier, SLZ

Zum Inhalt:
Im ersten Teil des Buches wird die Bildsprache des Märchens beschrieben, seine Strukturen und Elemente: Diesseitige und jenseitige Welt, Gut und Böse, Grausamkeit und Angst, die Helfenden, männlich und weiblich, der Weg der Hauptfigur.
Der zweite Teil enthält Hinweise zur Erarbeitung eines Märchens und Hilfestellungen fürs Erzählen.
Im dritten Teil berichtet die Autorin von Erfahrungen und Erlebnissen mit Kindern, die sie während zweier Jahre gesammelt und protokolliert hat.

Br., 19 × 25, 102 S., vierfarbig, 28.—/31.—

Esther Bisset und Martin Palmer haben das Projekt «Worlds of Difference» für den WWF verfasst, um das Umweltbewusstsein an den Schulen in verschiedenen Unterrichtsbereichen (Religion, Geografie, Geschichte, Naturkunde, Ökologie, Ethik) zu fördern. Ihr Buch stellt im vierfarbigen 1. Teil die Grundzüge von neun Glaubenssystemen dar – australische Ureinwohner, Chinesen, Christen, Hindus, Humanisten, Juden, Moslems, die Sanema vom Amazonas und die Yoruba aus Afrika – mit charakteristischen Beispielen ihrer Lebensweise. Die Materialiensammlung für Lehrer und Eltern im 2. Teil regt zu vielfältigen Aktionen innerhalb und ausserhalb des Klassenzimmers an. Das Buch ist vor allem für die Altersgruppe der 9- bis 13jährigen gedacht. Es spielt eine wichtige Rolle bei der Erziehung zur Toleranz gegenüber anderen Kulturen und Rassen und zum rücksichtsvollen Umgang mit der Natur.
Lehrerzeitung

Lesen

Br., A4, vierfarbig, 192 S., 39.—/43.—

Kein neuer Leselehrgang, sondern ganz einfach «ein Versuch, Kindern einen weiteren, ‹anderen› Zugang zum Lesenlernen zu eröffnen», – das ist die Lesestadt mit den Worten ihres Erfinders, des Praxisleiters und Didaktiklehrers am Seminar Schiers. Während der Anreiz der Lesestadt vor allem im topographischen Erlebnis von Buchstaben und Schriftsprache liegt – die Kinder bewegen sich in und zwischen Wörterhäusern mit Silbenstern, Buchstabenfächern und einer Fülle von Leselernmöglichkeiten –, richtet sich ihr Anliegen darauf, im Umgang mit geschriebener Sprache ‹alles greifbar zu machen, damit es begriffen werden kann›. Auf den Begriff gebracht heisst das nichts anderes, als dass Kinder hier handelnd lernen. So aufwendig die Herstellung der Lernmaterialien und der Bau der Lesestadt sind, so lohnend und erfolgversprechend ist das zugrundegelegte Konzept und dessen konkrete Umsetzung.
Ausführliche Bauanleitungen und Kopiervorlagen für den Eigengebrauch gehören zusammen mit Begriffserklärungen und Literaturhinweisen zu den Arbeitshilfen, die aus dem neuerschienenen Buch in der Tat ein Werkbuch machen, das zu eigenem Tun anleitet und vor allem anregt.
Johannes Gruntz-Stoll
Beiträge zur Lehrerbildung

Werkbücher